究 叢書・知を究める 10

「自白」はつくられる

冤罪事件に出会った心理学者

浜田寿美男［著］

ミネルヴァ書房

「自白」はつくられる——冤罪事件に出会った心理学者　目次

第I部　「事件」を語ることばの世界

序章　終わらない「事件」たちとの出会いから

本書の出発点は、いまから四年前、ミネルヴァ書房の月刊通信『究』に「「事件」に出会った心理学者」と題する連載をはじめたのがきっかけである。その冒頭に書き記した気分は、いまも変わらない。

六〇歳の還暦を越えてもうすでに六年、昔ならば古老の域にあって悠々自適、若い人に向かって「昔は……だった」とかなんとか、得々と説教を垂れる年齢なのかもしれないが、残念ながら、私自身の生活はいまだに迷いのなかにあって、およそ悠々自適からはほど遠い。

それは日々の生活だけのことではない。仕事のうえでも、なお解決のつかない問題をいくつも抱え込んで、いまだに手探りのまま足掻いている。それが私の現実である。大学での仕事こそ、三年前に定年であらかた終えたものの、それまでの教員生活時代に引き受けてきた「事件」たちが、なにしろ「終わらない」。となれば、大学からはいったん身を引いても、この「事件」たちに背を向けるわけにはいかない。

こののち三年余りにわたって書き連ねてきた三九回の文章を、あらためて読み返してみて、もちろん、そこには時代に刻み込まれた、微分的と言っていいほどの変化はある。それにしても、それはほとんど無視してよいほどかすかなもの。相変わらず、問題となる事件は起こりつづけ、私は「終わらない」事件を前に足掻きつづけている。

ともあれ、その足掻きの痕を、ここで本のかたちにして、あらためてたどりなおすことにしたい。

1 「事件」との最初の出会い

私が「心理学者」としてはじめて「事件」に出会ったのは、もう四〇年近く前、甲山裁判でのことである。

この裁判のもととなる甲山事件が起こったのは一九七四年。兵庫県西宮市にあった知的障害児の入所施設・甲山学園で、二人の子どもが相次いで行方不明になり、その後、二人は学園内の浄化槽で溺死体になって発見された。事故の可能性もあったのだが、警察は現場状況からこれを殺人事件と断定して捜査を始め、事件当時学園で働いていたY保母を逮捕。しかし、膨大な捜査員を動員して綿密な捜査を繰り広げたにもかかわらず、証拠は十分にそろわず、検察としてもY保母を釈放せざるをえなくなって、翌年には不起訴とした。ところが、亡くなった子どもの両親からの申立で、さらに二年後に検察審査会の不起訴不相当の結果を受け、検察・警察は再捜査に乗り出し、紆余曲折をへて、一九七八年にY保母を再逮捕・起訴した。Y保母が被害児を連れていくところを見たという子どもたちの目撃供述が、そこではほとんど唯一の証拠であった。

これに対して、起訴されたY保母は、子どもを連れ出して浄化槽に投げ込んで殺すなど、およそ身に覚えのないことだとして冤罪を訴えた。結果として、検察側は子どもたちの目撃供述を軸にY保母の有罪を主張し、弁護側はその目撃供述を捜査側の誘導の結果だと反論した。裁判では、子どもたちの目撃供述を最大の争点として、当の子どもたちの知的障害の問題をめぐり、検察―弁護が双方から激しく争うという、これまでに例のない展開を見せることになる。

当時、私は大学に職を得たばかりで、専門は発達心理学、障害のある子どもたちの発達は私の研究テーマの一つだった。弁護団から知り合いを通して私に声がかかったのは、たまたまとしか言いようがないのだが、ともあれ知的障害に詳しくない弁護団からすれば、誰であれ、これを研究している人間に協力を得ることが、どうしても必要だったのである。

それにしても実際の刑事裁判のなかで、その中心をなす争点に心理学者が駆り出されるというのは、刑事裁判としてもきわめて異例のこと、また駆り出された私の方にしても、「心理学者」として依拠できる既存の方法論があるわけではなく、先行の研究体系があるわけでもない。それゆえまったくの無手勝流で、自分なりの方法論を積み上げ、相手を説得できるだけの論を一から組み立てる以外になかった。

私にとって「事件」との最初の出会いとなった甲山裁判は、最終的に、幸い無罪で確定する。しかし、その結着がついたのが一九九九年。事件発生から数えて二五年、裁判だけでも二一年という、それこそギネスブックものの超長期裁判となった。事件当時二二歳だったY保母が、無罪確定したときには四七歳。二五年もの間、被疑者あるいは被告人の身分で生きなければならなかったのである。ついでながら言えば、私がこの裁判にかかわりはじめたのは三二歳、そして無罪で決着したときには五二歳だった。

日本の裁判は長い。とりわけ冤罪主張の刑事裁判は、下手をすれば何十年と引きずる。甲山裁判にかかわったことをきっかけにして、私はその後さまざまな「事件」と出会うことになるのだが、その「事件」たちがいずれも簡単には終わらない。私がその後に出会った「事件」の代表的なものをいくつか、その発生順に紹介しておこう。いずれも甲山事件よりはるか以前に起こったもので、それにもかかわらず、いまだに結着を見ることなく、再審請求を繰り返さざるをえない状況にある。

2 終わらない「事件」たち

その1 帝銀事件

最初にあげるのは帝銀事件。これは一九四八年一月二六日に発生した、いまから七〇年近く前の事件である。それは、いま七〇歳の私が一歳のとき、もっと正確に言えば、私の一歳の誕生日の前日に起こったものである。私がまだ這い這いしていたそのころに起きた事件が、いまだに再審請求事件として争われ、私の手元にその分析資料が積み上げられている。思えば、まことに奇妙なことである。

事件は、敗戦後の混乱のなか、東京は池袋の近くにあった帝国銀行椎名町支店に、閉店後の午後三時すぎ、「東京都衛生班」の腕章をつけた医師らしき人物が訪れ、「近所で伝染病が発生してその家の者が午前中にこの銀行にやってきたということなので、感染を防ぐために店内を消毒するが、その前に店員の皆さんにはあらかじめ予防薬を飲んでいただきたい」と言って、店内にいた一六人に青酸化合物を飲ませ、全員が倒れた後に金を奪って逃げたというもの。一六人のうち四人は生き残ったが一二人が死亡した。この事件では、当初、旧日本軍の特殊部隊の生き残りに焦点が当てられていたが、その後よくわからない理由で捜査方針が転換され、事件から七カ月後に高名な日本画家であった平沢貞通さんが逮捕され、その取調べと並行して行われた面通しで犯人は平沢さんだと断定する目撃者たちも出てきた。これに対して平沢さんは犯行を否認したが、長期間に及ぶ執拗な取調べにやがて自白し、裁判では自白を撤回したものの、結局は冤罪の主張は受け入れられず、死刑判決が確定する。その後も平沢さんは獄中から無実を訴えつづけたが、一九八七年に九五歳で獄死。平沢さんの死後、養子の武彦さんが請求人になって、第一九次再審請求を引き継いできた(1)。

この帝銀事件とのつきあいは長い。最初の出会いは、一九九〇年代の半ばころだから、そこからすでに二〇年は経過している。私が行った供述分析によれば、平沢さんを犯人とする目撃供述は今日的な視点から見てきわめて問題が多く、平沢さんの自白過程は典型的な虚偽自白の様相が顕著で、これまた危険である。私の目から見るかぎり、歴然たる冤罪事件である。こうした事件がいまもなお再審請求を果たされずにいるかぎり、「戦後」はまだ終わっていないと言わざるをえない。

その2　名張毒ぶどう酒事件

名張毒ぶどう酒事件もまた古く、一九六一年の事件であるから、発生から半世紀を優に超える。私自身の生活歴に重ねてみれば、私が中学二年生のときのことになる。当時、新聞などで見聞きしていたはずなのだが、そのリアルタイムでの記憶はない。

三重県と奈良県の県境の小さな山村で年度末の三月二八日に村の寄合があり、その後の宴会で男性には清酒、女性にはぶどう酒がふるまわれた。そのぶどう酒に農薬が混入されていて、これを飲んだ一七人の女性のうち五人が死亡した。この事件で、妻と愛人を同時に失った奥西勝さんが疑われて逮捕、厳しい取調べにいったん自白をするのだが、やがて否認、しかし検察は起訴した。そして第一審は、奥西さんに無罪判決を下したのだが、第二審で逆転死刑となって、最高裁でこれが確定した。この事件についても再審請求が繰り返され、二〇〇五年には第七次再審請求で一度再審開始決定が出たものの、検察側の異議で開始決定が取り消され、いまもなお再審の門は閉ざされたままである。

この事件にも奥西さんを有罪とするに足る決定的証拠はなく、それだけ取調べ段階の自白が重視されている。第七次再審請求の段階で自白の供述分析を求められた私は、奥西さんの自白には虚偽である徴候が顕著で、これを有罪証拠とするのは許されないとする鑑定書を裁判所に提出している。裁判所はこの鑑定書について、その方法論を一般論としては妥当なものとして認めながら、その結論は排除するという微妙な判断を示し、結局は、それまでの裁判所の判断を覆すにはいたらなかった[2]。

そして三つ目は、部落差別問題との絡みでよく知られている狭山事件。これもまた、私にとって「終わっていない」大きな事件の一つである。一九六三年、私が高校二年生のときの事件である。被害者が同じ高校生だったということもあって、何かしらおぼろげな記憶はあるのだが、おそらく多くの人にとっては遠い昔の事件であることに変わりはない。

その3　狭山事件

埼玉県狭山市で、女子高生が学校帰りに誘拐され身代金を要求されて、犯人が身代金受け渡し場所に姿を現したにもかかわらず警察はこれを取り逃がしてしまい、結局、女子高生は殺され農道に埋められていたという事件である。その死体発見現場近くに住んでいた被差別部落の石川一雄さんが疑われて逮捕され、これもまた長く厳しい取調べで自白、第一審は自白を撤回しないまま死刑判決を受けた。その石川さんが、第二審で否認に転じてからようやく本格的な裁判が行われたものの、一〇年間におよぶ審理を経て無期懲役の判決が下され、これが確定した。ここでも石川さんの自白がネックになって、現在、第三次再審請求が行われている。

この事件について私は一九八六年に意見書を裁判所に提出したが、裁判所はこれについてなんらの実質的判断も示していない。その後、二〇一〇年になって、取調べ時の録音テープが開示され、これについても新たに心理学的な分析を行い、これを鑑定書にまとめた。この録音テープには無実の人が虚偽の自白に落ちる露骨な徴候がいくつも見出されている[3]。

四つ目は袴田事件、一九六六年、私が大学二年生のときの事件である。当時、すでに心理学を専攻することを決めてはいたが、まさか私自身が何十年もたった後にこの事件の鑑定をすることになるとは思ってもいなかった。

その4　袴田事件

事件は、静岡県清水市の味噌製造販売会社の専務一家四人が殺害されたうえにその自宅が放火されて、会社の住み込み工員だった元プロボクサー袴田巖さんが疑われて逮捕されたというもの。袴田さんは一日十数時間に及ぶ取調べを連日受け続けるなかで一九日目に自白に落ちた。その自白内容は日替わりで転々としているのだが、裁判所はそのうちの検察調書一通のみを証拠採用して、その信用性を認め、第一審から死刑判決を下し、その後、控訴、上告も棄却されて、一九八〇年に死刑が確定した。袴田さんは第一審から一貫して無実を訴えたが、裁判所はこの訴えを一顧だにしなかった。そのようななかで袴田さんは、死刑確定後、獄中で徐々に精神を病みはじめ、いまは重篤な拘禁性精神病におかされているため、代わりに実姉が後見人として第二次再審請求を続けている。

この事件についても、私は第一次再審請求において、一九九三年に袴田さんの自白調書四五通について詳細な分析を加え、鑑定書を作成して提出したが、裁判所はこれを正面から受け止めることなく排除した。さらに二〇一一年に自白の録音テープの一部が開示され、これについても二〇一二年に鑑定書を作成し提出している(4)。

以上の四件は、いずれもすでに半世紀、あるいはそれ以上の年月を経ながら、その冤罪の主張は認められず、いまなお有罪判決の不当性を訴えて、再審請求が繰り返されている。しかも、これらはほんの一部で、依頼を受けて取り組んだ事件を挙げていけば切りがない。もちろん、このような大事件ばかりではないのだが、どれほど小さな事件でも、そこに巻き込まれた人にとっては、人生を大きく左右された事件であることに変わりはない。こうして引き受けた事件が一つひとつ解決されて、「一件落着」となればいいのだが、現実には、何とか解決して「終わった」と言える事件はむしろごくわずかでしかない。多くは片づかないままに、「終わらない」事件たちが次々と堆積していく。

さてさて、こうして「事件」に出会い、それなりに闘ってきた私自身のささやかな心理学の営みを、以下、恨み辛みを込めながら語ることになる。じっさい、私の努力は裁判で認められることが少ないうえに、心理学の世界においても、私が刑事裁判を通して展開してきたその心理学的思考が、しっかりとその場を得るにはいたっていない。ただ、このことを承知したうえで、以下、ここで展開していくことになる話が、単なる恨み節ではなく、刑事裁判の世界に向けても、また心理学の世界に向けても、なんらか積極的な意味をもちうるものと、私自身は信じている。

注

（1）その後、二〇一二年に平沢武彦さんが亡くなり、第一九次再審請求は自動的に終結した。弁護団は、やむなく請求権を有している直系遺族を探し求め、平沢貞通さんのお孫さんの一人から引き継いでよいとの了解を得て、二〇一五年秋にあらためて第二〇次再審請求の申立が行われるにいたっている。私は、この新たな再審請求において自白および目撃の供述鑑定を新証拠として裁判所に提出し、これを二〇一六年に『もうひとつの「帝銀事件」』（講談社選書メチエ）として刊行した。この事件については、後の第6章で詳しく取り上げている。

（2）その後、奥西さんは第九次再審請求のさなか、二〇一五年に獄中で死亡し、実の妹さんが請求権を引き継いで弁護団は第一〇次再審請求を申し立てた。私は、第七次再審請求の過程で提出した鑑定書と鑑定補充書をもとに、二〇一六年になって『名張毒ぶどう酒事件　自白の罠を解く』（岩波書店）を刊行した。

（3）先の鑑定書は一九八七年に『狭山事件虚偽自白』（日本評論社）として出版し（その後、二〇〇九年には新版が北大路書房から出ている）、また取調べ時の録音テープの分析は二〇一四年に鑑定書として東京高裁に提出し、同年、それを『虚偽自白はこうしてつくられる』（現代人文社）として刊行した。

（4）この事件は第二次再審請求において、二〇一四年に再審開始決定がなされ、同時に刑の執行停止命令が出されて、袴田さんは身柄を釈放された。ただ、この再審開始決定については検察側から即時抗告が出されて、まだこの開始決定は確定していない。なお、私は自白調書の分析に基づく鑑定書を、二〇〇六年に『自白が無実を証明する』（北大路書房）として出版している。

第Ⅰ部　「事件」を語ることばの世界

第1章　「事件」に迫る心理学を模索して

1　最初に出会った事件――甲山事件

裁判と心理学のあいだに横たわる深い溝

冤罪を訴えているさまざまな「事件」で、自白や目撃供述の真偽を判別することを求められて、私はこれまでいくつもの鑑定書を提出してきた。しかし、裁判所がこれを正面から取り上げて、議論の俎上に載せてくれることはほとんどない。死体の法医学鑑定とか、体液等のＤＮＡ鑑定などは、裁判官の専門外だから、外部の専門家に鑑定依頼するのはごく当然のことと認識されているが、ことが供述証拠の信用性判断となると、それはまさに裁判審理の中心にある裁判官（あるいは裁判員）が決するべき「専決事項」であって、外部の専門家の鑑定にはなじまないとの考えが根強くあるからである。じっさい、自白や目撃供述について、裁判所が自ら心理学者に鑑定依頼した例はこれまで皆無だと言ってよい。ところが、現実にはまさにその信用性の判断を誤ったがゆえに冤罪を見抜けず、無実の人が長く雪冤の苦しみを味わいつづけなければならない事件が跡を絶たない。

私がこれまで行ってきた鑑定作業は、すべて罪を問われた被告・弁護団からの依頼によるもので、その成果を当の被告・弁護団が評価してくれることはあっても、裁判所からは「鑑定になじまない」の一言で門前払いされるような状況が続いている。もちろん、私の側の作業にまだ不十分なところがあるのかもしれない。しかし、少なくとも自分ではきちんと論理を積み上げ、十分に説得力のある鑑定を提出したつもりでいる。また、私の側の論理に問題があるのならば、その点をきちんと指摘してもらえれば、それはそれで議論もできるし、納得もできるのだが、鑑定内容にはまったく触れず、門前払いとしか言えないような扱いを受けたときには、ついむかっ腹を立てて、当の裁判官に「表に出ろ！」と言ってしまいたくなる。

法の上の問題はともあれ、被告人がほんとうの犯人なのかどうか、被告人が捜査段階で語った自白が真実なのかどうかといった「事実の認定」の問題は、外部からうかがいしれない裁判官室のなかではなく、ちゃんとその論理を検証できるだけの「表の世界」でやってもらわないと困る。

事実の認定に、人間のことば（供述）が証拠として使われているかぎり、そこにはまさに心理学の問題がいくつも絡み合っている。したがって、その検証に「心理学的な視点」を持ち込まないわけにはいかない。そうだとすれば、法と心理学とが、そこのところで、たがいにもう少し距離を縮め、議論を交わし合うことが必要なはずである。ところが、現実には、いまなお法の世界の側から心理学の知見を積極的に活用しようとの動きは少ないし、一方で心理学の方でも、刑事裁判における事実認定にしっかり対応できるだけの理論や方法を提供できる用意があるとは言えない。

裁判など複雑多様な要因の絡み合う現実の諸問題を前において、科学を標榜する今日のアカデミズムの心理学を対置してみたとき、その懸隔のあまりの大きさにあらためて驚く。そして、そこに横たわる溝を埋めるだけの体系的思考が、法の側からはもとより、心理学の側からも、これまでほとんど提供されてこなかったように見える。現に、私自身、刑事裁判の世界で、供述にかかわる問題に長年つきあってきて、いまなおこの両者の懸隔を前に右往左往しているのが現実なのである。

「心理学者」になりきれなかった過去

こうした現状のなかにあって、ごく一般的に事件のことを「ただのお話として語る」だけならばともかく、供述の問題を「心理学者として論じる」と言ったとたんに、私自身、お尻のあたりがむずむずして落ち着かない気分になる。事実の認定を論じるだけの心理学の理論が、どこかに既存のかたちで確立しているわけではないからである。

世間で「心理学」と言えば、すでに百数十年の歴史をもつ科学であり、多くの大学に講座・研究室があって、多数の研究者が学び、大小数々の学会がいくつもあって、そこに所属する「心理学者」たちは、わが国だけでも少なくとも数万人の単位で存在する。そして、おそらくは私も世間的にはそのなかの一人として数えられているのだろう。ただ、私自身は、その世間でいう「心理学者」というラベル自体が自分のなかでしっくりこない。

振り返ってみれば、私は一九六五年に大学に入学し、少なくとも表向きはいわゆる「心理学」をこころざして、半世紀近くもその周辺を彷徨《さまよ》ってきた。じっさい、所属した大学・大学院の研究室も、そこを卒業して勤めた大学・大学院も、みな「心理学」あるいはそれに類する名のつくところだった。しかし、一方で、それは名目だけ、私自身はおよそそれにふさわしい所属意識が欠けていた。そればかりか、わが国で代表的と言われる心理学会にはいずれにも、あえて入会せずにきた。

私が大学で心理学の修練をはじめた一九七〇年前後は、若手研究者たちが既成のアカデミズムに反旗を掲げ、「大学とは何か」「学問とは何か」「学会とは何か」と激しく問いかけた時代で、そういうなかにあって、学会に入り、業績を積んで、研究者になるという気持ちには、およそなれなかったのである。アカデミズムで言う「心理学」に、いつも、その根っこのところで違和感を禁じることができなかったし、大学のなかに制度として組み込まれた心理学が、自分たちの生きているこの現実の生活世界にしっかり食い込みえているとは思えなかったからである。おかげで、私はその後も長く周辺をうろついてきたにもかかわらず、いまだに「心理学」の世界の人間だという自覚がもてない。

それでも、私は、この現実を生きる人間の心的現象にこだわってきた。だからこそ、そこから遠ざかることがなかったし、たまたま刑事裁判の供述問題に出会ったのを機に、あらためてその周辺から心理学の問題を考える立場に身をおいてきた。その私が、あえて「「事件」に出会った心理学者」として語ろうとするのであるから、もちろん、それは「心理学」ではあるとしても、いわゆるアカデミズムで語られる心理学の応用版ではない。そうかと言って、巷で読心術でもあるかのように言われる通俗心理学でもない。「人のこころを読む」ことは多くの人の夢かもしれないが、それはまさに「夢」でしかないし、そもそも私の関心事ではない。

そのうえで私が知りたいことをあえて一言で言えば、やはり「人のこころとは何か」ということになる。もう少し言えば、人間の「こころの生態学」。こう言えば、それこそまさにアカデミズムの心理学が目指そうとしていることそのものであって、どこも変わらないじゃないかと反論されそうだが、私のなかではずいぶん違う。では、どこがどう違うのか。

さまざまなかたちをもつ素朴心理学

私たちは自分に与えられた「身体」でもってこの世界に棲息し、そこで「こころ」と呼ばれる「ある現象」を生きている。しかも、その「こころ」は厳密には自分のうちにしか見えないはずなのに、周囲の他者もその「こころ」をもって生きていて、そのこころの動きに一定の法則性があるかのように振る舞っている。そこでいう「一定の法則性」は、言ってみれば誰もが自らのうちにもつ「素朴心理学」である。これがなければ、日常のなかでおたがいが理解し合って、共有の世界を築くこともできないし、あるいは反対に、たがいの食い違いにいら立ち、腹を立てて、対立の世界を生きることもできない。しかし、その素朴心理学のかたちはさまざまで、けっして一律ではない。場面に応じ、時に応じて変幻する。だからこそ、人どうし、時に食い違い、すれ違いながら、一方で、時に絡み合い、噛み合って、たがいを支え合う。

誰もが素朴に生きて、たがいに理解し合っていると思っている素朴心理学、それはそもそもどのようなものかと問われると、案外分からない。というのも、「素朴」に生きてしまって、日常の言動の前提になっているぶん、ふだんはほとんどそれと意識しないからである。それが意識されるのは、素朴心理学が通用しない現実に出会って「あっと驚く」場面、あるいは人どうしがたがいに素朴にこうだと思っていることが、何かのきっかけでぶつかって、その食い違いに気づき「唖然とする場面」……。私たちの日常の素朴心理学には、よく見れば、あちこちにいくつも「穴」があって、そこに落っこちてはじめて、その素朴心理学の輪郭が見えてくる。

素朴心理学は、一方で、人間の現象を正しく捉えるうえでの一つに前提となり、他方で、人間の現象をひどく過って捉える元凶にもなる。そのことを踏まえたうえで、その素朴心理学から、人間理解の基礎となる「こころの生態学」の基本枠組を引き出すことができないものだろうかと、私は考えている。それは、まだ私のなかの、ほとんど直観的なレベルの野心にすぎないのだが、まずはそこのところにこだわって「新たな心理学」を夢想する、それは意味のないことではない。

文字通りに夢みたいな漠然とした話だが、それはそれとして、まずは具体的な事件を取り上げて、話しはじめることにしたい。

M君の「ハヤシライス」の謎

私がこんなことを考える出発点となった甲山事件から、一つ具体的なエピソードを取り上げてみる。

この事件では、先にも述べたように、知的障害児の入所施設甲山学園で二人の子どもが連続して行方不明になり、浄化槽で溺死しているのが発見された。警察はこれを殺人事件として捜査を開始、その結果、二人の子どものうち、後から行方不明となったS君について、その直前にY保母が彼を連れて廊下を非常口方向に歩いていくところを見たとの目撃情報を、一人の女児（一一歳）から得ることになる。これでもって警察はY保母を逮捕するのだが、結局は証拠が十分にそろわないとの判断で、検察は一年半後にこれを不起訴とした。ところが、亡くなったS君のご両親が不起訴はおかしいと検察審査会に申し立て、結果として再捜査になった段階で、さらに三人の子どもたちから目撃供述が出てきたのである。なかでもM君（事件当時一二歳）は、Y保母が嫌がるS君を非常口から引きずり出すところを見たとの重大な目撃供述を語りはじめた。事件から三年余りたって後のことである。これによってY保母は再逮捕され、起訴されて、そこから二一年に及ぶ裁判が続くことになる。

問題はこのM君の目撃である。彼の供述調書には、Y保母がS君を連れ出す衝撃的な場面が非常に具体的に語られている。そればかりか、事件のあったその日の様子がじつに詳細に語られ、それが供述調書に書き記されている。たとえば、「その日の夕食はハヤシライスで、おかずには生野菜に何かを巻いたようなものが出ました。それを食べた後は食堂から自分の部屋に帰って○○君と△△君と一緒に先生ごっこをして遊びました」といった具合である。それを素直に読めば、事件前の施設の日常が具体的に浮かび上がってくる。この供述を取った警察官も、あるいは後にその調書を読んで重要証拠と判断した検察官も、M君は事件当日のことをこれだけ具体的に語れているのだから、その供述は信用できると考えたのであろう。それは事件の記録を書き記し、あるいはそれを読む人の一つの素朴心理学である。

ところが、一歩退いて、このことを語ったとされるM君自身の視点にあらためて立って見れば、そこにはとんでもない状況が浮かび上がる。じっさい、M君が語ったのは思い出すべき当の出来事のあった日から数えてもう三年以上もたった後のことである。それだけ遠い過去について、その日の夕食は何だったのかと問われて、それを思い出せるものであろうか。それはおよそ無理なことである。現実には三年どころか、一週間前の夕食でさえ思い出すのは容易でない。自閉的な障害をもつ人のなかには、ときにふつうには考えられないほどの特異な記憶能力の持ち主がいるが、M君はそういうタイプの子どもではないし、特異な記憶を示したようなエピソードもない。その彼が警察官に聞かれて三年前の夕食のメニューを具体的に答え、それが調書に記載されているのである。ふつうに過去のことを思い出して語ったものとして理解できない。では、M君の言う「夕食のハヤシライス」とはいったい何だったのか。

過去のことを具体的にまた詳細に語れば語るほど、それは「ほんとうの記憶らしく見える」という素朴心理学がある一方で、何年も前の日常の些細な出来事を具体的にまた詳細に語ってしまえば、それこそ「嘘っぽい作り話に見える」という素朴心理学がある。刑事裁判の事実認定では、しばしばこのように相反する素朴心理学がぶつかり合う。素朴心理学のこのような有り様を見つめ直すことが、「事件」にかかわった私にとって、その後、心理学の大事な課題として見えてくることになる。

2　事の本質は細部に現れる

語りの逆行的構成

甲山事件で最重要証人となったM君は、衝撃の目撃場面を詳細に語っただけでなく、その日の夕食がハヤシライスだったことまで供述した。しかも、それは事件から三年余りたった後のこと。遠い昔のことをそこまで細かに覚えているということ自体がそもそも怪しいのだが、裁判のなかではそれが問題として正面から取り上げられることはなかった。いや、私自身、ほんとうの意味でその問題性に気づいたのは、第一審の終盤に入って、子どもたちの目撃供述をあらためて分析しようと取り組みはじめてからのことである。

そもそも夕食のメニューなど、裁判の論点からはまったく周辺的なことであって、とくに取り出して論じるに値しないと考えられていたのだろう。しかし、「神は細部に宿りたまう」と言われるように、事の本質はときに細部にこそ明確な姿で現れてくる。それをないがしろにしてよいものではない。

M君は、その目撃供述で、学園の浄化槽から溺死体で見つかったS君を、Y保母がその直前に居室棟から引きずり出すところを見たという。もし、その供述が信用できるならば、前後の周辺的な部分について供述に多少おかしなことがあっても、Y保母の容疑は揺るがない。そして、この事件で検察側が主張したのもその点である。そこで、夕食のメニューの問題を論じる前に、まずはM君のこの供述の中心部分について簡単に触れておかなければなるまい。

第一審での検察の論告によれば、「（M君は）Y保母がS君を連れ出す状況を見て、恐怖をおぼえて女子トイレに身を隠し、その後の状況を注視していたのであって、……きわめて強い好奇心にかられ、関心をもって事態の推移を注視していたのであるから」、これは非常に印象的、特異な出来事であって、「記憶に深く刻まれていたものである」という。しかし、それならば、なぜこの目撃供述が事件直後に語られず、三年後の再捜査の段階ではじめて語られることになったのか。検察側は誰かからの「口止め」があったからだと主張するのだが、それを裏づける証拠はない。「口止め」があったとでも言わなければ、M君の三年もの沈黙を説明できないというのが実際のところだったのではないか。

それに、この中心場面の供述自体にすでに決定的な矛盾が隠されている。M君は女子トイレに身を隠して、Y保母がS君を引きずり出すのを見たというのだが、彼がトイレに身を隠したのは、Y保母がS君を連れてただ廊下を歩いている時点である。それは、まだ事件が起こる以前の、学園のなかのごく普通の日常的な場面にすぎない。なのに、M君は「恐怖をおぼえて女子トイレに身を隠し、その後の状況を注視していた」という。S君がそののち学園の浄化槽で溺死するという事後の結果を知らなければ、誰もその時点で恐怖を感じることはない。にもかかわらず、M君はそれを感じたというのである。

もちろん、M君は予知能力をもった人間ではない。では、どうしてこのような奇妙な供述が出てくることになったのか。そこには、私がその後「語りの逆行的構成」として注目することになる問題がひそんでいる。

Ｍ君は、この新供述を語るようになる以前から、Ｓ君が浄化槽で溺死したという「恐怖」の事実を知っていて、事件後、取調官からこの点について繰り返し事情聴取を受けていた。そして、三年後にその直前の連れ出し場面を語るようになったとき、おのずとその場面にも「恐怖」の思いが及んで、「女子トイレに身を隠す」というような話が出来上がったのであろう。つまり、ここでは事後にしか知りようのないことが時間を遡って、その前の出来事の語りに入り込んでしまっている。この「逆行的構成」こそは、語りの虚偽性を示す重要な指標の一つである。Ｍ君の供述には、それが典型的なかたちで現れている。

ただ、あらためて断っておきたいのだが、このようにおかしな供述が出てきたのは、けっしてＭ君が知的な遅れをもつ障害児だったからでない。じっさい、この供述を引き出して何の疑いもなく調書に記録したのは警察官であり検察官であるし、おまけに検察官は、先に引用したように論告のなかに、もろに逆行的構成を含んだこの話を書き込んで、Ｍ君の供述の信用性を主張している。刑事裁判の実務を担う専門家すら、この矛盾に気づいていないのである。語りにおけるこの逆行的構成の問題については、これから後にも別の事件で繰り返し議論することになる。

思い出して語るのではなく、思いついても語る

Ｍ君の新供述が、その中心部分においてこのような重大な問題を抱えていることを指摘したうえで、ここであらためて、彼が三年余りも前の夕食のメニューを聞かれて、どうしてそれに具体的に答えることができたのか、また事情聴取した取調官自身、どうしてそこまで具体的な答えを求め、またその答えを怪しむことなく調書に書き残したの

か、さらに言えば、その調書を読んだ検察官らもまた、素朴に気づくはずのその問題をどうして見過ごしてしまったのかを考えてみよう。

事件から三年余り後、N警察官が聴取したM君の新供述をあらためて読んでみると、「食事はどういうものが出たか、はっきり覚えていません」と断りながら、「ハヤシライスが出たように思います」となっている。さらには「おかずがあったか、なかったか、覚えているのだが、同じN警察官が三日後に再度M君から聴取した供述では「はっきり覚えておりませんが、生野菜を巻いたものもあったようでした」と、いかにももっともらしく答えている。

この供述をはじめて読んだとき、弁護人たちが思ったのは、そこに警察官からの誘導があったのではないかということだった。つまり、本件は溺死事件で、死亡推定時刻が問題になったのだから、当然、捜査側は胃の内容物を調べていて、またその日の学園の夕食を確認しているはずで、供述聴取にあたったN警察官はそのメニューを知っていて、そのうえでM君に言わせたのではないかと疑ったのである。ところが、実際に当時の学園の献立記録を見てみると、「生節の煮付、白和え、土佐煮」となっていて、M君の供述とはまったく違っている。これはいったいどういうことなのか。彼が事件の日の夕食は「ハヤシライス」だったと語ったのは何だったのか。その謎は、一九八〇年になってM君が証人として法廷に出てくるまで解けなかった。

M君には、中度の知的障害があったが、しかし「ハヤシライス」の謎はその障害のためだとは、かならずしも言えない。M君は事件当時一二歳、新供述を語りはじめたのが一五歳で、精神年齢が七～

八歳と鑑定されていたから、およそ小学校三年生ぐらいと思えばいい。それくらいの子どもならば、ことばはそうとうに喋れる。現に法廷の主尋問では、検察官のほぼ期待した通りの証言を行っている。もちろん、法廷証言の前に担当の検察官と、打ち合わせと称して、事前に何回かのリハーサルをしているのだから、その意味ではM君が法廷でY保母の連れ出し場面を期待通りに答えたのも不思議ではない。

問題は反対尋問である。弁護人が行う反対尋問は、もちろんリハーサルはなく、ぶっつけ本番である。そこでの証言にはM君の供述の問題性がはっきり浮かび上がる。

証人は証言台で問題となる過去の出来事について質問を受ける。そうすれば、記憶をたどってその過去の出来事を思い出して答えなければならない。しかし、M君が証言台に立ったとき、もうその事件から六年も経過している。思い出して答えようとしても限度がある。そうすれば「覚えていません」とか「分かりません」という答えがたくさん出てきてしかるべきなのだが、反対尋問でのM君の証言は、その点、まったく奇妙なのである。一例をあげる。

M君がY保母のS君連れ出し場面を目撃したとされるのは夜の八時ごろ、その直前までデイルームで他の子どもたちとテレビを見ていた。そこには夜勤のZ保母が居て、R君を膝に抱えて一緒にテレビを見ていたというのだが、八時前に七時半からの番組を切り換えるとき、そのZ保母が立ち上がってチャンネルを換えたという話になる。この話そのものは事件直後の捜査のなかでZ保母の事情聴取から出ていて、そのときの供述調書が土台になっている。このチャンネル切り換え場面についての弁護人とM君の問答が、法廷で次のようなかたちでなされている。

問　(Z先生がチャンネルを)換えるのに立つとき、ちゃんとR君を横においた?
M　はい。
問　ずっとそのこと覚えていたか?
M　いいえ。
問　いつ思い出した?
M　……。
問　いま聞かれて思い出したのか?
M　はい。
問　Z先生がR君を膝からおろすとき、両手やった?　片手やった?　それともR君が自分からおりたの?
M　両手でおろした。
問　R君、両手で持たれて?　R君のどの辺をもったの?
M　腰のとこ。
問　R君をZ先生、どっち側においた?　Z先生から言うたら、右か左か?
M　左の方。

問　それはずっと見とったの？

Ｍ　はい。

これはいったいどういう問答なのだろうか。テレビのチャンネルを換えるためにＺ保母が立ち上がったとき、それまで抱いていたＲ君をどうしたのかという、ほんとうに細かな話である。しかもその出来事から六年以上が経過している。どんなに記憶能力の高い人でも、これを思い出して語るのは不可能であろう。ところが、Ｍ君は「分かりません」と言わずに、Ｚ保母はＲ君を横に置いたと認め、さらには「両手で」「腰のとこ」をもって「左の方」に下ろしたというのである。

おまけに、Ｍ君は、これまでこの場面を一度も思い出したことはなく、「いま聞かれて思い出した」という。いや正確に言えば、彼は「思い出して」答えたのではない。聞かれて「思いついた」ことを答えたにすぎない。じつを言えば、この質問を担当した弁護人は、このときＭ君のこの語りの特性を見抜いていて、あえてこうした問答を取り出してみせたのである。過去の出来事を思い出して答えなければならないところ、Ｍ君はとっさに思いついたことでも答えてしまう。「ハヤシライス」の謎はここにあった。

3　「ことば」とことばが作り出す「世界」

「能力」論では見えない子どもの生活世界

私が甲山裁判にかかわるようになったのは、先にも書いたように、私の専門が発達心理学で、なかでも障害のある子どもたちのことをテーマの一つにしていたからだが、いざその子どもたちの捜査段階の供述や法廷での証言に具体的につきあってみると、これがいわゆるアカデミズムの発達心理学のテリトリーにはおよそおさまらないことに気づく。問題は、じつは、「発達」というものをどう考えるかという根本にかかわる。

裁判では、知的障害の子どもたちの供述が最大の争点となったのだが、そのことが公に明らかになったとき、最初にもちあがった議論は、この子どもたちに法廷で証言するだけの「能力」があるかどうかだった。じっさい、弁護団の主要メンバーのなかにも、そうした考えを前面に出して、そもそもこの子どもたちの供述は、その知的障害のゆえに証拠にならないとの主張を打ちだす人たちが少なからずいた。ところが、当時は障害児・者の人権を守る立場から、差別糾弾の運動が盛り上がりはじめていた時期でもあり、甲山裁判を支援する人たちのなかからは、M君がたとえ検察側の証人であっても、知的障害があるからという理由でその証言能力を否定するのは差別ではないかとの意見が出て、弁護団が厳しく批判されるという一こまがあった。

私自身もまた、知能や知識、技能などの個人の「能力」に焦点を当てて、その伸びに「発達」を見るといった発達論には以前から疑問をもっていた。もちろん、生まれてすぐのまったく無力な赤ちゃんからはじまって二〇年ほどで成人に達するその育ちの過程を見たとき、そこには膨大な量の知能・知識・技能の拡大があり蓄積がある。その意味で能力の発達を見るというのは発達心理学の必須の部分ではある。しかし、発達の議論はそこにとどまるものではない。ごく素朴に考えても分かるように、能力の意味は、ただそれをもっているかどうかにあるのではなく、あくまでその能力を使って人がそれぞれどのような生活世界を具体的に繰り広げていくかというところにあるはずである。とすれば、子どもの育ちにおいて問題となるのは、能力の伸びそのものではなく、それによって展開される生活世界の姿でなければならない。

甲山裁判で証人となった子どもたちについても、問題はその供述能力を知能テストや発達テストで測定し、それによって証人としての適格性を判断することではなかった。むしろ問題は、子どもたちが事件当時、それぞれ自分の手持ちの能力を使って、施設のなかでどのような生活を営み、この事件をどのようなものとして体験し、その後の取調官たちの事情聴取においてどのようなやりとりを行ってきたかであって、その具体的な生活世界のありようを正確に描くことなしに、子どもたちの供述の意味を読み解くことはできない。

M君のことばの能力と法廷証言

たとえばM君の場合、ＩＱは五〇前後で、先にも述べたように、精神年齢で表せば事件当時で六歳前後、三年後の新供述をはじめた時点で見れば七〜八歳だったことになる。障害のない子どもたちで言えば、小学校の低学年レベルの能力に相当する。そのくらいの能力があれば、複雑な目撃状況はともかく、自分の生活している施設で先生が友だちを連れ出すのを見たという程度の単純な目撃内容なら、それを理解し、事後にその記憶を語るのは難しいことではない。能力論で見れば、知的な障害があるからということでその供述能力を否定することには無理がある。

現にM君は、ことばを用いたコミュニケーションについて言えば、事件当時から相当の能力があって、普段からおしゃべり好きだったし、周囲のおとなとの日常の会話に問題はないと言ってよかった。法廷の証言でも、尋問者との問答を外形的に見るかぎり、そのやりとりは円滑だし、そこにことばの能力の問題を見ることはできない。じっさい、その証言の内容を見てみると、事前の打ち合わせを重ねて準備万端を整えて行われた主尋問では、検察側から予定された内容をほぼ問題なく証言することができた。それだけの能力はあったのである。

ところが、反対尋問でのM君は、弁護人から聞かれたことを、体験した出来事に照らして「思い出して」答えるのではなく、聞かれるつどその場で「思いついて」でも答えてしまう。結果として、そこには無視できない矛盾や変転がつぎつぎと出てきて、しかも何日にも及ぶ法廷で、それが果てしなく繰り返された。それは、通常の証人尋問ではありえない、およそ前代未聞の事態であった。いったいどうしてそんなことが起こってしまったのか。

この子どもたちの証言は非公開裁判で行われた。知的な障害のある子どもたちだから、傍聴人がたくさん見ているような場で尋問されたのでは興奮してほんとうのことが言えなくなるのではないかという検察官の申し入れを、裁判所がそのまま受け容れたためである。ほんらい公開であるべき裁判が、非公開になってしまったのである。結果として、残念ながら一般の傍聴人は参加できず、マスコミ関係者も直接その様子を知ることはできなかった。ただ幸い、私は裁判所から特別弁護人という立場を認められたために、M君をはじめすべての子どもたちの証言する法廷に立ち会うことができた。

この裁判につきあって、私が素朴に思ったのは、子どもたちのことばが現実に根を下ろしておらず、浮いているということである。とりわけM君の場合はそれが顕著であった。M君は遠い過去の出来事のことを聞かれているにもかかわらず、「忘れた」とは言わず、何でも答えていく。しかし、そのことばが彼自身の現実に根ざしているようにはおよそ見えない。どうしてそんなことになってしまうのか。「ことばが根を下ろす」とか、「ことばが浮いている」というのは比喩的な言い方で、言語発達の理論などにはまったく出てこないものなのだが、じつのところ、ことばの発達にとって非常に大事なことではないかと、この事件にかかわって以降、私は強く思うようになった。

ことばが根を下ろすということ

子どもは生後一年ほどで片言を話しはじめ、それから一年でどんどんと語彙を増やし、二語文、三語文を話し、やがては文法的な装置も徐々に身につけて、三歳にもなれば、多くの子どもたちが周囲のおとなと十分に対話を交わすことができるようになる。それ自体は、外から見て、大きな能力の獲得なのだが、ここで大事なのは、子どもがこのことばの能力を使ってどのような生活世界を作り出しているのかということである。

子どもの初期のことばは、ほとんどが親との楽しい遊び的なやりとりからはじまるもので、ことばを使って直接に自分の欲求を満たすような実用的な用い方はそうそう多くはない。言ってみればそれは「おしゃべり」であって、実用性如何にかかわらず、たがいの思いを交換して相互にコミュニケーションの世界を広げていく。ただ、そのうえで、どのようなことばのやりとりも、かならず現実とのかかわりに根があるもので、そこに根づいてはじめてことばは生きてくる。

朝、目を覚ませば親が「○○ちゃん、おはよう」と声をかけてくれて、自分も「おはよう」と答え、ついで「朝ごはんに欲しいものある?」と聞かれれば、「目玉焼き」と答え、やがてその通りに食膳に目玉焼きが並ぶ。食事しながら「ごはん終わったらどうしよう?」という話になると「テレビ見る」と答え、「何を見るの?」と聞かれて「アンパンマン」と答えたりする。テレビを見終わって「これからどうしよう?」と聞かれれば「お散歩」ということになってお出かけ……。些細な話だが、ことばというものはこのようにたがいに自分の思いを表して、できる範囲で相手からその思いを満たしてもらい、逆に相手の思いを聞き取って、できる範囲で自分がその思いを満たす。そのようにしてたがいの思いを交換し、行為を交換することによって、共同の生活の流れが作り出されていくのである。ことばはその流れの節目節目で発せられ、交わされ、それによって現実のなかに根を下ろしていく。わざわざ言うとおかしいほど当たり前で、多くの子どもたちにとっては放っておいてもそうなるものだが、じつは、その当たり前のことがうまく実現しないケースがある。

たとえば、小さなころから施設のなかで集団生活を強いられてきた子どもたちの場合、朝起きて顔を合わせれば先生から「おはよう」と言ってもらい、自分も「おはよう」と返すだろうが、「朝ごはんに欲しいものがある？」とは聞いてくれない。五〇人の集団生活で朝昼晩の食事メニューはあらかじめ決まっていて、それ以外のものを個々に求めてもかなえられる生活ではない。食事が終わって「テレビを見たい」という話になっても、五〇人に一台のテレビで、つける番組はいつも決まっている。自分の選択肢はそれを見るか見ないかというだけ。そもそも一日のスケジュール自体が自分の思いを離れて決められている。そうした施設生活のなかでは、子どもたちが自分の思いをことばで表現してそれが現実のなかで実現していくということ自体が難しい。そうなると、そこで交わされることばは、どこまで現実に根を下ろすことができるのか。

M君のことばは浮いている

M君は三歳のときに施設暮らしをはじめ、そのときようやく片言が出るようになったばかりだったという。その彼がやがてどんどんとことばの能力を伸ばして、小学校に上がるころには、おしゃべり大好きの子どもになっていた。彼はまさに施設でことばを伸ばし、施設のなかでことばの世界を展開してきた子どもだった。しかし、施設のなかでは彼のようにおしゃべりができる友だちはあまりいない。そこで彼は、先生とおしゃべりをしたくて、先生の目を引こうと、ときにオーバーなことを言ったり、嘘をついたりして、周囲が混乱させられてしまうこともあったという。そのM君が一二歳でこの事件を体験し、一五歳で新供述を行って注目され、一八歳で重要証人として法廷に登場したのである。

刑事裁判では、被告人に問われている犯罪事実が過去に実際にあったのかどうかの事実認定を行い、有罪と認められれば、その被告人に適切な量刑を科す。その真剣な場で交わされることばは、当然ながら、しっかり現実に根を下ろしたものでなければならない。ところが、その法廷に登場したM君の証言は、自分の体験した現実について記憶をたぐりよせて真剣に語ったものではなく、聞かれたことを「思い出して答える」という当然の供述姿勢を欠いていた。検察側はその問題に気づくことなく、むしろそこに乗っかってしまったのである。

M君が事件の日の夕食のメニューを「ハヤシライス」とか「生野菜を巻いたようなもの」と答えたその背後には、じつは、M君に独特の、多分に歪んだ生活世界が広がっていたのである。

4　ことばと現実

現実から生まれ、現実を離れることば

ことばは人間を他の生き物と区別する、とりわけ人間的な能力だと言われる。だからこそ、子どもがことばを話しはじめ、それによって周囲とのコミュニケーションの世界を展開していく過程は、子どもの発達のなかでもとくに重要なものとして注目されてきた。ただ、当然のことながら、ことばの能力はそれ自体で意味をもつのではなく、その能力を使った生活世界がどのように広がっていくかによってはじめて、そのほんらいの意味が果たされる。

甲山事件のM君が、一見したところ相当の言語能力をもっているようでいて、じつのところその供述に根本的な疑問を感じざるをえなかったのは、彼のことばが彼自身の生活のなかにしっかりと根を下ろしていなかったためであった。現にM君は、過去の現実の体験を思い出して答えなければならな

いところで、ついついその場で思いついたことをペラペラと喋って、そこに何らの負い目も感じない。

では、ことばが生活に根を下ろすとはどういうことなのか。また、ことばはどのようにして生活のなかに根を下ろすことができるのか。前節ではこのことに簡単にしか触れることができなかったので、ここであらためて考えてみたい。

ことばと現実

ことばは、そもそも現実に根ざして生まれるものだが、一方でいったん生まれてしまえば、現実から離れてしまいがちな本性を有する。じっさい、ことばは目の前の何かを指し示すことができるだけでなく、いまここにない物をもイメージとして立ち上げて、人どうしがたがいにそれを共有することができる。たとえば「ワンワン」と言えば、そこに犬がいなくても犬のイメージが浮かび上がる。そうして人間は目の前にない物さえもことばによって語り、現実に与えられた世界のうえにもう一つの表象世界を立ち上げていく。そこにこそ、ことばが人間の世界において果たす役割がある。言い換えれば、ことばは現実の世界からなんらかのかたちで浮くからこそ、人間は目の前の現実に縛られず、ことばによってそこを離れ、より自由な世界を広げることができる。

しかし一方で、子どもがことばを身につけていく過程を見れば、もちろん、まずはことばが指し示すべき実物があって、その実物の体験がことばと結びつく。「ワンワン」が犬を指すことばになるためには、子ども自身がなんらかの犬の体験を具体にもつのでなければならない。ことばは現実の体験との関係ぬきにはことばとならない。

そうして見れば、ことばは現実に根を下ろす側面と、現実から浮いて動く側面の両面をあわせもつものであって、一見逆説的に見えるが、じつのところこの両面をもってこそ、ことばはその十全な機能を果たす。それゆえM君のことばが浮いていると言うとき、それは現実から完全に切断されたものになるということではない。ただ、現実の体験を通して身についたはずのことばが、それを使って生きる場面のなかに根を下ろさず、むしろそれを裏切ってしまう。問題はそこに何が起こるかである。

たとえば「オオカミが来た」ということばは、まさに狼が来たという現実を前にして、周囲の人々に警戒を呼びかけるものとして生活の現場に根ざす。しかし、このことばで人々が逃げまどう姿を見て面白くなった子どもが、狼が来てもいないところで「オオカミが来た」と叫ぶとき、そのことばは現実の生活から浮いている。それでもことばはことば、発してしまえば、もとの現実から離れたところでそれとしての意味をなしうるし、それを聞いた人々はそれを現実の体験として聞いてしまう。ことばは、たとえ現実から浮いていたとしても、それでも人々の現実を動かすことに違いはない。甲山事件の悲劇が生まれたのも、ことばのこうした本性による。

現実の体験から生まれたことばが、現実を離れたところで意味をなす。ことばのそうした側面が前面に出るのは、けっしてM君に特異なことではない。誰にだって同様のことが少なからずある。この点を論じるために、ことばの育ちをいま少し先のところまで見ておかなければならない。

一次的ことばと二次的ことば

ここで注目したいのが、岡本夏木先生が『ことばと発達』(岩波新書、一九八五年)のなかで説いた「一次的ことばから二次的ことばへ」の展開である。子どもはことばを話しはじめ、語彙を広げて、二語文、三語文、そして文法的な装置も使えるようになれば、周囲の人とことばでもってそれなりの対話ができるようになる。その原初的な対話のことばが「一次的ことば」であり、そこから子どもは生身の対話を越えて、ことばだけで語りの世界を立ち上げていくようになる。これが「二次的ことば」なのだが、まずは、ことばの誕生のところから簡単に振り返ってみる。

ことばは、前述のとおり、その最初は、現実の体験からはじまる。目の前に食べ物があって、それを母親が食べさせようとし、子どもがそれを食べようとする脈絡で、「マンマ」はまんまになる。目の前に猫がいて、母親が猫の頭を撫で、子どもも恐る恐る一緒に撫でるなかで、「ニャンニャン」は猫になる。一事が万事、ことばはそれに対応する現実の体験と重なりあうところで意味を帯び、子どもと周囲の他者が共有する体験世界のなかで、その脈絡とともに子どもの世界に組み込まれていく。それゆえことばがはじまった当初は、ことばはまだ身振りや現実のもののやりとりに埋め込まれていて、ことばだけで対話世界を立ち上げるまでには、まだしばらくかかる。この対話以前のことばは、その後の「一次的ことば」に対して「○次のことば」と言ってもよい。岡本先生の一次的ことばは、この○次のことばを「生活のなかで」対話的に「まさしく自己のことばとして使用していく」もので、そこにおいて「ことばの生活化」がなされ、「生活のことば化」がなされていく。

たとえば、目の前の猫を指してただ「ニャンニャン」と言うだけでなく、先ほど母親と駄菓子屋の店先で見た猫のことを「ニャンニャン」と言い、母親が「ニャンニャンいたね」と返すと、子どもが「いたね」と言い、母親が「なでなでしたね」と言うと、子どもが「なでなで」と返す。そうして店先の猫を一緒に撫でたという体験がことばの対話としてやりとりされる。ごく未熟なものとは言え、そうしたことばでの対話が増えていけば、子どもの世界はどんどんとことばのやりとりで埋められ、生活はことば化されていく。

もう一例、もう少し後の子どもの例を岡本先生の挙げた対話事例からとってみる。月曜日の朝、保育所で保育士と子どもとが対話している場面である。

子ども：きのう、おもしろかった。
保育士：そう、きのうどこか行ったの？
子ども：動物園。
保育士：そう、それはよかったね、動物園になにがいたの？
子ども：ライオン、キリン、それからトラ、サルもいた。
保育士：なにがいちばんおもしろかったの？
子ども：サル。サルね、ブランコに乗ってた。
保育士：サルがブランコに乗ってたのが、おもしろかったのね。先生も見に行きたかったな。
子ども：サル、こんなかっこうして乗ってた（身振りを伴う）。

この子どもは対話がもうすっかり板についていて、そこから語りの内容が十分に伝わってくる。ただ、それでもことばがまだことばだけで自立していない。

ここでは、①ことばが前日に自分が体験した具体的な現実場面を前提に語られていて、そこから離れてはいないし、②自分をよく知ってくれている親しい他者を相手に、③対話のかたちで、相手との一対一の支え合いによって成り立っていて、④その場の状況的な脈絡や行動的な脈絡に支えられなければ、一貫した意味をなさない。つまり、子どもは自分の伝えるべき意味内容をことばだけで語り切ってはいない。こうしたことばを「一次的ことば」と言う。

それに対して「二次的ことば」は、伝えるべき内容をすべて自分のことばの力だけで伝える。①これから自分が何をしゃべるかを知らない相手に向けて、何も前提をおかずに、②相手が自分のことを何も知らないことを念頭において、③問答による対話ではなく、話を一方的に自分から組み立てて、④絵や写真や身振りなどの支えなく、ことばだけで伝えなければならない。たとえば、もし右の動物園での体験を、子どもが教室でみんなを前にして発表するとすれば、次のようになる。

「きのう、ぼくは動物園に行きました。そこにはライオンやキリン、それからトラやサルもいました。そのなかで一番おもしろかったのは、サルがブランコに乗っていたところです。サルはブランコの綱につかまって、ブランコを上手に揺らしていました。」

このように語れば、これを誰が聞いても、その語られた意味内容を、ことば以外の脈絡や相手の応答に頼ることなく、また相手についての事前の知識なしに、思い描くことができる。これは、もちろん、まだ二次的ことばのレベルでも初歩的なもので、おとなになれば、ことばで語る世界は、こうしたレベルから大きく広がり、深められ、多様に組み立てられ、積み上げられていく。人間は有史以前から、こうしたことばの世界の展開・蓄積を通して、共同体のなかで独自の伝承文化を生み出してきた。そして、さらにもう一つ大事なことは、この二次的ことばこそは、やがて書きことばに変換されて、音声で交わし合う対話的なことばから、蓄積・編纂が可能な文字文化を膨大に展開してきたことである。

「有史」ということばが示すように、人間はその歴史のなかで、具体的な生活の文脈を離れて記録文書を累々と積み上げ、これを編纂して、独特の文明社会を形成してきた。そうして見れば、一次的ことばから二次的ことばへのこの展開は、ことばの世界の成り立ちのうえで非常に重要な意味をもつ。しかし、一方で、どれほど高度で抽象的な二次的ことばであっても、一次的ことばの根を離れては成り立たない。そして、一次的ことばには現実に身近なぶん虚偽の入り込む余地は小さいが、二次的ことばは現実から自由にことばの世界を独自に展開できるぶん、そこには虚偽が広がる危険性もまたそれだけ大きい。

もとの対話世界に立ち戻ること

刑事事件の捜査や裁判で語られる供述も、もともとは対話である。被疑者の語る否認や自白も、あるいは被害者や目撃者が語る供述も、取調官の聴き取りに応じた一対一の対話によるものだし、法廷で語られる供述や証言も、質問者に導かれた一対一の対話として行われる。その意味で、供述はすべて一次的ことばのかたちに根をもつものであって、そのもともとの状況的・行動的な脈絡をぬきにその正確な意味を捉えることはできない。

ところが、日本の刑事捜査においては、もともと対話的に聴取された供述も、「私は、〇〇のときに、△△において、××しました」という独白調の一人語りの形式で調書化される。言ってみれば、一次的なことばの対話が二次的なことばの文書に変換されて、それが証拠にされていく。じっさい、それは裁判において証拠として独自に評価されなければならない以上、具体的な状況や行動の脈絡から離れて、それ単独で十全な意味をなさなければならない。そして、現実の「具体的な状況や行動の脈絡から離れ」れば、それに応じて現実を歪める虚偽の入り込む危険性も大きくなる。

M君の供述のなかに「ハヤシライス」が入り込み、彼が見もしない目撃場面が語られたのも、もともと対話的になされたやりとりが二次的ことばに変換されて、のっぺりと一人語りとして供述調書に書き取られたことが発端で、それがまるで客観的事実の表現であるかのように思いなされて、その後の裁判のなかで独り歩きしてしまった。こうして現実の歪みが大きく浮かび上がった背景に、M君自身が育ってきた生活史の問題があったことは、先に指摘した通りなのだが、じつを言えば、それはけっして彼だけの問題ではない。

私たちが刑事裁判における自白や目撃などの問題に出会って、そこで直接にぶつかるのは、多くの場合、取調官と供述者とのあいだで交わされる生の対話ではなく、その結果を編集して作成された「調書」という名の文書記録である。それも半端な分量ではなく、ほとんど「ことばの山」と言ってよいほど膨大な記録となって、これが法廷に提出される。私が行ってきた供述分析の作業は、言ってみればこの「ことばの山」との格闘である。そこでは逆に、元の対話の脈絡を離れて編集され積み上げられた文字記録から、その元になった生の対話にまでたどり直して、個々の供述がどこに起源をもつかを探り当てることが課題となる。たとえばＭ君の「ハヤシライス」についても、その起源となった対話場面に引き戻してはじめて、その謎を解くことができた。

それにしても、元の対話場面が録音・録画で可視化されていない現実のなかでは、これはきわめて困難な作業である。ただ、それを承知のうえでこの困難な課題に取り組む以外にないこともまた現実である。幸か不幸か、私たちに与えられる「ことばの山」は膨大である。それを前にしたとき、それは「ことばの迷宮」にも見えるが、一方で、問題を解くための資料がこれだけ膨大にあるとも言える。裏返して言えば、それは「手がかりの宝庫」でもある。それを読み解く方法と理論を磨くことは、それだけチャレンジングな課題だと言ってよい。

第2章　語りの臨場モデル

1　「事件」を語るということ

自民党本部放火事件

甲山事件が第一審の終盤を迎えていた一九八四年、永田町の自民党本部の建物が、盗難車両に仕掛けられた火炎放射器によって放火され、炎上するという事件が起こっている。事件後、過激派と呼ばれていた政治党派が犯行声明を出したことで、捜査はそこに向けて集中するのだが、実行犯の具体像が浮かばず、捜査は難航する。そして、やがて目撃者の供述と写真面割（写真によって容疑者を特定する手続）によって、F氏が実行犯の一人ではないかとして逮捕されたが、F氏は否認し、すべての取調べで黙秘を通し、しかし結局は起訴されて、裁判となった。

この事件では、犯行現場でのめぼしい目撃者があがらず、捜査陣は現場に残された犯行車両の火炎放射器の部品に注目して、その出元を洗い出し、ある機械部品の卸売り店でこれが販売されたことを突き止めた。そこで、この店から問題の部品を買った「客」を特定するべく、販売にあたった女子店員から事情聴取を行い、そのうえで写真を見せての面割手続を行って、その結果、F氏を当の「客」として特定したのである。しかし裁判では、目撃以外にはこれという証拠が上がらず、この目撃供述や写真面割にも問題があるとして、結局、F氏には無罪判決が下り、これが控訴審で確定した。

この自民党本部放火事件の裁判で特記すべきは、弁護人の要請によって何人もの心理学者が目撃供述の分析・鑑定に加わり、証人として法廷に立ったことである。私もその一人だったのだが、その後、この裁判にかかわった心理学者たちが核になって二〇〇〇年に「法と心理学会」が設立されることになる。それまで法の世界と心理学との間にわずかな交わりしかなかったことを思うと、いま振り返って、この裁判が両者を引き合わせ、その溝を埋めていく大きな一歩になったと言っていいかもしれない。

「記録」を「記憶」のように語る

ここで注目したいのは、この女子店員から聴取された供述調書である。その供述調書を見ると、そこには「私は、〇月〇日の〇時ころ、一人でやってきた男の客に、〇〇型の〇〇の品を〇個、〇〇〇円で売り、その客はその物品を受領したとの物品受領書に△△と署名しました」といった具体的な供述内容が何ページにもわたって記されている。

これを見るかぎり、本件の重要な場面をしっかり目撃した重要な目撃者であると、誰もが思うだろう。供述内容は売り上げの書類の記録とも合致しているし、その販売状況も具体的かつ詳細に語られている。その点で、この供述には十分に「信用性がある」と言ってもよいかに見える。じっさい、これまでの裁判実務のうえでは、供述が他の証拠と合致し、その内容が具体的かつ詳細であり、しかもそこに不自然さがないということになれば、その供述は信用性があると判断されてきた。客観的証拠との合致こそが、供述の信用性判断の第一の要件だったのである。

しかし、ここには見逃すことのできない問題がある。そもそもこの部品が販売されたのは、もちろん事件発生以前であり、これが火炎放射器の部品として事件に使われるなどとは誰も知らない。この販売場面そのものには何らあやしいところはなく、公正に行われていて、女子店員はふだんと何ら変わらない客として応対をしていた。それゆえ女子店員は、後に取調官がやってくるまで、この販売場面について思い出すことも、同僚と話題にすることもなかった。

女子店員が取調官の事情聴取を受けたのは、その販売から三カ月余りが経過した後のことである。それだけ月日が経過した段階で、何もあやしいところのなかったかつてのごく日常的な販売場面について、その日付、時刻、売った部品の型番、個数、そのときの支払い金額、そして客の名前まで詳細に思い出すというのは、通常、人の記憶としておよそ考えられない（ちなみに、このことは大規模な模擬フィールド実験で心理学的に検証された）。女子店員のこの具体的な供述内容が彼女の体験記憶に起源をもつものだと言うことは難しい。

そうだとすれば、その具体的かつ詳細な供述はいったいどこから来たのか。問題のカラクリは簡単である。女子店員を事情聴取した際、取調官は売り上げの書類を手にしており、それをもとにそこに書かれた記録に拠って質問し、確認して、その「記録」の情報をまるで女子店員の「記憶」であるかのように調書に書き込んだのである。このとき取調官に間違ったことをしているという自覚はない。というのも、現にそのような販売があったのは事実であり、事実どおりの供述を作ることに、何のためらいも感じなかったからである。

しかし、供述聴取におけるこの問題は、ときに大きな錯誤を生み出す。この例で言えば、供述調書に録取された文章は、あたかも供述の起源が供述者の「体験記憶」にあるかのように記載しながら、その実、供述の起源は書類上の「記録」にある。供述調書に記載された内容のほとんどは「記憶」によるのではなく「記録」によっていたのである。ただ、この部品を販売した日付は記録されていたが、時刻などの記載はなく、これについては売り上げ書類の前後関係などから推測したものである可能性が高い。つまり、その部分の供述の起源は「推測情報」にあることになる。

このように記憶以外の情報源を手がかりにして、問題の販売場面を供述した結果、実際には体験としてほとんど記憶のない女子店員が、事の詳細を正確に記憶している目撃者であるかのように振る舞い、言わばその役割を演じたのである。女子店員の方でもまた、はっきりした記憶はなくとも、記録が残されている以上、自分がこの販売を行い、問題の客を見たという事実自体は否定できない。それゆえ、写真帳で面割を求められたときには、それを見てすぐに問題の客を選び出せなかったにもかかわらず、取調官から「見たことがあるという人でもいい」と示唆されて、結局は一人の人物を選んでしまった。それがF氏だったのである。かくしてここでも取り返しのつかない冤罪が生み出された。

心理学的視点から供述聴取の原則論を立てるとすれば、供述調書は文字通りに供述者の体験記憶を忠実に録取したものでなければならない。この原則に従うならば、この女子店員の場合、まずは調書上に「問題の販売の売り上げ書類を見せ、その記録どおりに販売した事実を確認させた」という経緯をそのまま記して、そのうえで、この販売場面について女子店員がこの「記録」上の情報以外に何をどこまで「記憶」しているかを判別して聴取することが必要だった。ところが、実際に取られた供述調書の供述は、最初から「私は……」という女子店員の一人称で語られていて、そこでは「記憶」に起源をもつ情報と「記録」に起源をもつ情報とが区別されないまま、すべてが女子店員の体験記憶であるかのように録取された。このあたりのことは、事情聴取の対話過程をすべて録音・録画していれば、事後にもこれをチェックしてはっきり区別できるところだが、供述者の一人称で語り下した供述調書からは、そこに録取された供述情報の起源が見えない。

「記憶を語る」ことと「事実を語る」こと

供述の聴取者は、供述者からその「体験の記憶」を忠実に聞き出して調書に録取することを建前としながら、現実には「体験の記憶」を超えて、供述者が「体験したはずの事実」を引き出し、これを調書に録取しようとする。また供述者の側も同様に、自分の「体験の記憶」を語ったつもりでいて、じつはそれに拠りつつ、体験記憶以外に起源をもつ情報をもあれこれ組み込んで、自分が「体験したはずの事実」を語ってしまう。つまり「記憶を語る」という建前で、じつは記憶を超えて「事実を語る」ということが起こってしまうのである。かくして「記憶」を語ることと「事実」を語ることとのあいだに、微妙だが重大な錯誤が生じることになる。

従来の信用性判断は、これら記憶以外の諸情報が入り込んだ供述を対象にして、他の客観的証拠と照合して合致するかどうか、あるいはその供述内容がどこまで詳細で具体的か、前後の状況に照らして不自然さはないかどうかを検討することで、その真偽をチェックしようしてきた。しかし、その方法にはおのずと限界があり、問題がある。客観的証拠と合致して、いかにも信用性があるかに見える供述が、実際には体験記憶に起源をもつのではなく、それ以外の情報源に起源をもつケースが、さまざまにあるからである。

さまざまな「供述の起源」

供述は、現実に起こったことを、体験した人がその記憶に基づいて語ったものだという建前で聴取される。つまり誰もが「思い出して」語るのであって、その供述の起源は体験の記憶にあるのでなければならない（体験記憶情報）。しかし、現実には体験記憶以外の情報が供述のなかに混入する可能性はいくらでもある。供述者が体験記憶を忠実に表現したつもりであっても、知覚の間違い、記憶の間違い、表現の間違いなどが入り込みうる（意図せざる誤謬）。また、いかにも体験記憶に基づいているかのように見える供述にも、供述者がもっている一般的な知識が入り込んでいたり（知識情報）、あるいは、前述の女子店員のように、残されていた記録情報が紛れ込んでいたり（記録情報）、体験後に取調官の事情聴取などで供述者が事後的に入手した情報が混じり込んでいたりする（事後情報）。くわえて、直接の体験記憶に欠けている部分を、相手の質問に応じて、供述者が想像で補完することもしばしば起こりうるし（想像情報）、場合によっては、供述者がそこに意図的に嘘を混じえることもある（虚偽構成情報）。このように供述者の供述には、厳密な意味での体験記憶情報以外に、さまざまなところに起源をもつ汚染情報が入り込む。

過去に起こった「事件」を解明するためには、たいていの場合、目撃供述や自白など、その「事件」について人が語ったことばが欠かせない。そして裁判では、このことばで語られた供述が真実かどうかについて争われ、それが客観的証拠と合致すれば信用できるかのように安易に判断されてきた。しかし、これらの供述が、たとえ客観的証拠と合致していても、種々に汚染されていることを認識しておかなければならない。甲山事件で知的障害のM君は、自分の体験を「思い出して」語るべきところ、ただ「思いついて」語ってしまった。それは一般の人から見てとんでもないことだが、じつは、その一般の人だって同じような間違いをしょっちゅう起こしている。ことばというものはやっかいな代物で、先に述べたように、現実に根ざして生まれながら、しばしばその現実から浮き上がり、離れて、それを汚してしまう。そのことばの生態が、刑事裁判のなかでは、まだまだ十分に理解されていると は言いがたい。

2　供述聴取と記憶の働き

女児のわいせつ被害事件

事件をめぐる人々の供述調書を見ていて、ときに、これはいったい誰が何を語っている文書なのかと、不思議に思うことがある。人々が事件を語るとき、事はもうすべて終わっている。つまり、事件を語る行為は当の事件が終わったところではじまる。それは当然のことなのだが、問題は、人はその供述をなんのために語るのかということである。

供述は、終わってしまった出来事のただの「思い出話」でも、単なる「うわさ話」でもない。そこでの語りは、将来それが裁判になったとき証拠として用いられることを前提にした文書であり、だからこそ、証拠として十分な価値をもちうるように、信用性を高めるための工夫がさまざまになされる。じっさい、供述調書は、多くの場合「私は……」というかたちで、供述者本人の語りをそのまま文字にしたかのような体裁をとっているが、事実上は、供述者から聴き取ったことを、取調官が文章化して調書に書き込んでいるのであって、そこには取調官による情報の取捨選択があり、取調官の事件イメージに沿うように編集の手が加えられてもいる。そしてまさにそこに誤謬が忍び込む。取調べの場を録音録画する、いわゆる「可視化」が必要だと言われるのは、そのためである。

一例を挙げよう。幼い女児が公園で、見ず知らずの男性にスカートを引き下ろされて股間をのぞかれたとして、両親がこれを訴えた事件がある。両親の告発を受けて、警察が加害者とされた男性を逮捕し、検察官がいよいよ起訴する段になって、女児からあらためて被害状況を聴取した。その検察調書で、女児は次のように語ったことになっている。

おじさんは、わたしのスカートのすそにてをいれて、「ぐー」でスカートをにぎって、つよいちからでスカートをしたにひっぱったので、そのままスカートをおろされてしまいました。おじさんのては、ひとさしゆびとなかゆびとくすりゆびがスカートのうちがわにはいっていました。

幼い女児が、スカートを下ろされるという被害状況を、整った文章で、非常に具体的に供述している。加害者の「おじさん」は、女児やその両親にとって見ず知らずの人で、わざわざ嘘で陥れる理由はない。そう考えれば、事実この通りのことが起こったのだろうと思う人が多いかもしれない。

しかし、この供述には明らかに検察官の編集の手が加わっている。そもそもパソコンで打ったこの文章は、わざわざ仮名書きで記載されていて、いかにも子どもの供述だという印象をもたせているが、もちろんこれは女児がパソコンで打ち込んだ文章ではない。それはともかくとしても、問題はその具体的な詳細さである。女児は単に「スカートを引き下ろされた」というだけでなく、そのとき「(おじさんの) ひとさしゆびとなかゆびとくすりゆびがスカートのうちがわにはいっていました」と、まるでそれを目の前で見ているかのように語っている。ところが、この調書が聴取されたのは、事件から四カ月近くもたった後のことで、事件直後の警察調書にはそんな細かな供述は録取されていない。

そうだとすれば、この検察調書の供述を、女児が自らの体験記憶のままに語ったものと見てよいかどうか。いや、供述者が幼い女児でなくて、それが事件直後のおとなだったとしても、被害を受けたときの相手の手の様子について、「人さし指と中指と薬指がスカートの内側に入っていました」などという詳細な状況を、記憶によって語れるかどうか。そもそもそれが疑問である。

記憶の場面を一枚の絵に描くことはできない

人が過去を語るとき、その語りの素材になるのは、もちろん記憶である。そして人は、記憶によってこそ、過去の自分の体験を語ることができるのだと思っている。しかし、じつを言えば、記憶ほどたよりないものはない。記憶だけで過去の体験をありのままに描き出すことは、まずできない。

人はときに「情景がまざまざとよみがえる」などと言う。しかし、実際のところ、単なる比喩でなく、文字通り「いま目の前で見ている」かのように過去の情景を立ち上げることなど、できるものではない。人によっては直観像という現象があって、過去の体験をまるでたったいま見ているかのように再現できる人もいるが、そういう人でも、ビデオ装置のようにあらゆる出来事を知覚したままに記憶しているわけではない。

ところが、供述調書では、ときに前述の女児の供述のように、まるでたったいま目の前で見ているかのように、過去の出来事が語られる。しかも、裁判官はそれを読んで、「具体的かつ詳細で迫真性がある」とか「体験した者にしか語りえない臨場感がある」とか言って、その信用性を認めてしまうのだからおそろしい。いや、それは裁判官に限らず一般の人たちでも、語りが具体的で詳細であればあるほど真実だと思いやすい。

しかし、簡単な実験をやってみれば分かることだが、人は直前に体験したことでも、そのすべてを記憶によって再現するのは不可能である。たとえば、私はいま図書館にいて、その自習席のコーナーでパソコンを打っている。そして、つい先ほどまで、近くの喫茶店で友人とコーヒーを飲んでおしゃべりをしていた。そのときの情景を思い出せば、まさに直前のことだから、そのまま見た通りに記憶がよみがえってきそうにも思える。じっさい、その店内のテーブルや椅子の配置を図に描いて、自分がどこに座り、友人がどこに座っていたか、隣の席にどんな客がいて、何をしていたのかということぐらいならば、おおよそ思い出せる。しかし、それを写生のように一枚の絵に描いてくださいと言われたら、どうだろうか。

店内の構図を思い出して、その輪郭線を描き、自分と知人、そして店内の他の客たちの位置を簡単に描き込むくらいはできても、机や椅子、店の床や天井、その素材や色を含めて描こうとすると、たちまち行き詰ってしまう。自分の服装はともかく、友人が何色のどのような服を着て、どのような鞄をもっていたのかを思い出そうとしても、はっきり浮かんでこない。隣の席には若い男女がいて、モーニングを注文して食べていたことは憶えているが、その姿を描けるほどには記憶がよみがえってこない。二人ともかなり大柄で、女性が長いスカート、男性がジーンズというのは確かだが、どんな顔つきだったか、その具体的な容貌は浮かんでこない……。

そんなものである。ついさっき体験したはずの情景なのに、それを絵にして描いてみるとなると、だいたいの物の配置を輪郭線で描けても、細部は浮かばないし、色を塗り込もうと思うと、あちこち穴だらけ……むしろちゃんと描ける部分の方が少ない。どうやっても、およそ写生で描くようには描けない。

記憶の精度というのは、その程度のものである。一場の情景でさえそうなのであるから、その情景がつぎつぎと展開して連なっていく出来事を体験した後、それを記憶で語るとなると、それはとてつもなく難しい。そのことを、私たちはもう少し自覚していたほうがよい。

記憶のほんらいの働きは生活の体験を流れにつなぐこと

もちろん記憶は人の生活にとって大事なものである。人はいまだけを刹那的に生きることができない。これまでの過去をどのように生きてきたのか、これからの未来をどのように生きていくかというその狭間で、「ここのいま」をつなぎながら連続した人生を生きている。そこで過去の記憶を失い、未来の見通しを失ってしまえば、たちどころに人生は破綻する。

重篤な記銘障害を患って、一〇分も経てばもうその前のことを忘れてしまう人たちがいる。彼らはそのときそのときを生きながら、人生が積み上がっていかない。何しろつい先ほど出会って「おはよう。お久しぶりね」と言った相手に、一〇分も経って再び会ったとき、また「おはよう。お久しぶりね」と言ってしまうのだから、生活は文字通り刹那の繰り返しになってしまう。

そうして見ると、記憶の機能というのは、過去の出来事を絵のように再現することではなく、むしろ過去から現在、現在から未来へとつながる時間の流れのなかに自分を置いて、その人生のつながりをつけていくことにあると言った方が正確かもしれない。絵に描こうと思えば穴だらけになってしまう記憶の情景も、それによって過去に体験した出来事の手がかりさえ提供できれば、人生のつながりを作っていくのには十分である。記憶は、言ってみれば、過去の体験のインデックスのようなもので、穴だらけであっても、当の過去をそれによって再認できれば、人はつながりのある生活を営んでいくことができる。

先ほど入った喫茶店を思い出して、その情景を記憶でフルに描くことはできなくても、もう一度そこに行ったとき、そこが以前に入ったことのある喫茶店だと再認し、そこで会っておしゃべりした友人の話を生活の流れにつなぐことができれば十分、それで人生は自分なりのまとまりを得て流れていく。その意味で、記憶は過去をそのままの姿で再生するものだというより、むしろ瞬時瞬時の生活の体験をつないで一つの人生にしていく働きだと考えた方がよい。

そうして見れば、過去の体験を思い出してことばで語り、それによって事実の認定を行う捜査や裁判の営みは、むしろ人間にとって特異な例外的事態であって、そこに記憶の働きが求められるのは当然としても、そのさいには記憶の働きの限界性を十分に知っておくことが必要である。

まるで目の前で起こっているかのように、過去をありのままに再現することが、記憶の究極の機能であるかのような錯覚が、私たちのなかにはある。だからこそ、その究極のかたちを私たちはカメラやビデオの技術によって実現したのだろうが、しかしそれでも、私たちの生身にそなわった記憶の働きは、旧来のままいっこうに進化はしていない。私たちはどうがんばっても、「ここのいま」の現場に臨場するかのように、過去の場面を再現することはできない。

しかし、それでも人は過去の体験をことばで語るとき、まるでその過去の場面に臨場しているかのように振る舞おうとする。過去のことを語りながら、まるでそれをたったいま目の前で知覚しているかのように語り、そのことによって語りに臨場感を与え、迫真性をもたせる。また、そうして語ることのできる人をこそ、語り上手だと言う。私はこのことを「語りの臨場モデル」と名づけてきた。それは人間が誰しも陥ってしまう一種の普遍的なモデルである。しかし、この臨場モデルこそが、供述聴取においては危険なのである。供述を分析するさい、まずはそのことをよく知っておくことが重要である。

3　ことばが現実を立ち上げる

身体をこの場において世界を体験すること

ここで、ごく当たり前のことを確認しておきたい。私たちはいつもこの身体でもって「ここのいま」に与えられた世界を生きている。もっと正確に言えば、この生身の身体で生きている以上、その身体のある「ここのいま」のこの場の世界を離れては生きられず、いつもこの世界に臨場している。もちろん、この身体を離れて、過去のことを思い出すこともあれば、未来のことを思い描くこともあって、私たちの生活世界は、この身体のある「ここのいま」に限られてはいない。しかし、過去の記憶も、また将来の予想も、あるいは空想の世界ですら、身体でもって臨場している「ここのいま」の体験をぬきには成り立たない。つまり、過去のことを記憶によって語るときも、将来の予想を語るときも、あるいは架空のことを想像で思い描いて語るときも、その語りの核になり範型となるのは、やはり目の前で臨場して体験しているこの知覚世界である。このことを私が「語りの臨場モデル」と呼んでいることは、前節の最後に触れた。

単純な例を挙げれば、「リンゴ」ということばを聞いただけで、私たちはリンゴを目の前で見ているかのようにそのリンゴの像を思い描く。その像の核になっているのは、かつて自分が生身で臨場して体験したリンゴである。つまり「リンゴ」ということばを聞いただけで、それをインデックスに、いま目の前にはないリンゴを、かつてそれに臨場した体験を核にして立ち上げる。逆に、それに臨場した体験がなければ、どんなことばも具体像をもって立ち上がることはない。「幽霊」などという架空のことばさえも、絵や物語で体験した何かを核にしているという意味で、臨場モデルに沿うものと考えなければならない。

こむつかしい言い方をしているが、言いたいことは単純である。私たちは目で見、耳で聞き、手で触れ、舌で味わい、鼻で嗅ぎ、身体でこの世界を捉えている。知覚によるこの世界の臨場体験がすべての心的世界の核であり範型であって、それなしには語りは成り立たないし、語りを読み取ることもできない。たとえば、小説の一節を読んだとき、もちろんそれは自分が体験したことのない架空の話なのだが、それがことばで綴られているのを読むだけで、自分がこれまで積み上げてきた臨場の体験を総動員して、そこにある場面を立ち上げる。架空で語られた物語であっても、私たちはこれを臨場モデルの下に読み、あたかもその場にいるかのごとき感覚を味わうのである。

文字が立つということ

一例を挙げよう。次の文章は、角田光代の『八日目の蟬』(中公文庫、二〇一一年)の冒頭である。

ドアノブをつかむ。氷を握ったように冷たい。その冷たさが、もう後戻りできないと告げているみたいに思えた。

平日の午前八時一〇分ころから二〇分ほど、この部屋のドアは鍵がかけられていないことを希和子は知っていた。なかに赤ん坊を残したまま、だれもいなくなることを知っていた。ついさっき、出かける妻と夫を希和子は自動販売機の陰から見送った。冷たいドアノブを、希和子は迷うことなくまわした。

ドアを開くと、焦げたパン、油、おしろい粉、柔軟剤、ニコチン、湿った雑巾、それらが入り交じったようなにおいが押し寄せ、おもての寒さが少しやわらいだ。希和子はするりとドアの内側に入り、部屋に上がった。何もかもはじめてなのに、自分の家のように自然に動けるのが不思議だった。それでも、落ち着き払っていたわけではなかった。体を内側から揺するように心臓が鳴り、手足が震え、頭の奥が鼓動に合わせて痛んだ。

主人公の希和子が、不倫相手の男性宅に、夫婦の留守を見計らって忍び込み、赤ん坊を持ち去ろうとする場面である。もちろんそんな体験をした人は、読者のなかに誰一人としていないはずだ。しかし、まるで実況中継するかのように事の流れをていねいに記述する文章につきあえば、私たちはあたかもその場に臨場しているかのように、その場面をまざまざと立ち上げてしまう。よく考えてみると不思議なことだが、人間はこうしたことを簡単にやってのける。というか、裏返せば、こうしたことに簡単に乗せられてしまう。

こうした臨場感のあふれた文章を評して「文字が立つ」と言った人がいる。たしかに平板で下手な文章は、うまく立ち上がらず、もどかしいものである。しかし、現実には達意の文章だけが立ち上がるのではない。人の描いた文章は、どんなに拙くとも、つねに立ち上がろうとするもので、書く者も読む者も、話す者も聞く者も、しじゅう臨場モデルに駆られている。前節に挙げた例でも、女児が「（おじさんの）ひとさしゆびとなかゆびとくすりゆびがスカートのうちがわにはいって」わいせつ被害を受けたと訴える供述を読めば、その情景が立ち上がって、許せないという感情が湧き起こったりする。しかし問題は、そうして臨場感をもって立ち上がる情景が、すべてほんとうのことを語っているとは限らないという単純な事実である。現に、小説などはいかに臨場感あふれるものであっても、まさに架空の話でしかない。

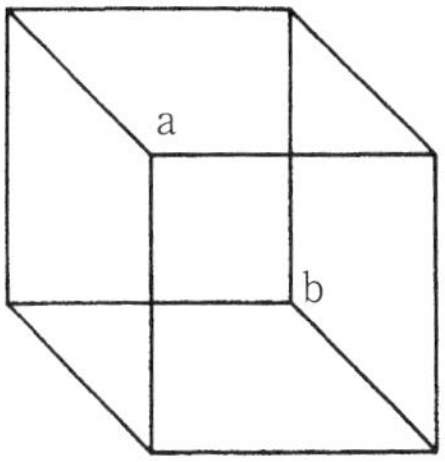

図1　立ち上がる立方体

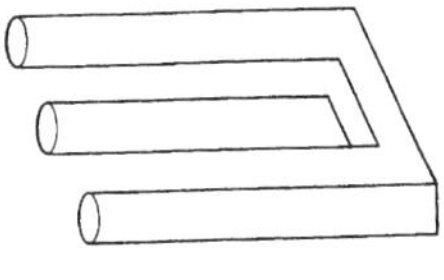

図2　このフォークは二股？
それとも三股？

このことは、人がつねに三次元空間を生き、三次元的に世界を体験しているがゆえに、二次元の平面図を見てもそこにすぐに三次元のモノを見てしまうのと同じである。たとえば図1を見れば、私たちはそこにaが手前に飛び出した立方体が見えたり、あるいはbが手前に飛び出した立方体が見えたりして、これが安定せず反転する。しかし、いずれにしてもそこに三次元の立方体を見ていることに変わりはない。よく見てみれば、これを純粋に二次元の平面図として見る見方があるのだが、かえってこれが難しい。私たちは平面でさえも三次元モデルの下にこれを立ち上げてしまうのである。

また、図2は三次元の現実のモノとしてはありえないのだが、それでも誰もがそれを三次元に立ち上げて、明らかに不可能なモノを見てしまう。人間の視覚にはそれほどに三次元モデルが強固に根づいているのである。同様に、語りの臨場モデルも強固で、実際にはありえない語りでさえも、あたかも真の現実であるかのように立ち上がる。

語りの臨場感から語りの真実性を判断できない

小説家が物語を書きあげていくとき、まさにその物語世界に没入して、それが現実のものであるかのように思い描き、そこに臨場して語る。それは私たちが目の前で体験している出来事を実況中継ふうに語るのと基本的には変わらない。では、もし小説の登場人物がそこに描かれた通りのことを体験して、それを後に記憶として語るとすればどうだろうか。たとえば、希和子が先の文章の通りに「赤ちゃんを誘拐する」行為を実行し、後に警察に逮捕され、その体験を取調室で供述しなければならなくなったとして、どのような供述調書を作りうるだろうか。

小説のなかの希和子は、家に忍び込むその瞬間のことを、「ドアを開くと、焦げたパン、油、おしろい粉、柔軟剤、ニコチン、湿った雑巾、それらが入り交じったようなにおいが押し寄せ、おもての寒さが少しやわらいだ」というのだが、現実にその通りのことを体験したとして、取調室でそのことを尋問されたとき、そのように供述しうるであろうか。それは体験の直後であっても、およそ無理であろう。作者にこの文章が可能だったのは、作者が空想のなかで自ら臨場したつもりで、その場面を実況中継ふうに自由に立ち上げたからにほかならない。一方、自分が実際に体験したことを後に語る供述では、空想の話のように自由に話を作るわけにはいかず、少なくとも自分の体験の記憶を手繰り寄せて語らなければならない。そして、その記憶というものがじつに頼りないもので、それだけを手がかりにするかぎり、直前の場面すら絵に描けば穴だらけになることは、先に述べた通りである。

それにもかかわらず、人は体験の記憶を語ろうとするとき、自分が体験したはずのその過去の場に臨場しようとしてしまう。たとえば、甲山事件の目撃者となったM君は、テレビを見ていた場面で先生がチャンネルを換えるとき、膝に抱いていた男児を「両手でかかえて、左側に下ろした」と証言をした（二六頁）。すでに六年も経過した後にこんな些細な出来事を具体的に記憶していることはありえない。その意味で、M君のこの証言はまるで思いつきのでたらめでしかないのだが、しかしここで注目すべきは、どうであれ彼は、この証言で問われた問題の場面にまさに臨場しているかのように答えたことである。そうした臨場的な姿勢は、彼の知的障害のゆえというより、むしろ誰にも見られる普遍的なモデルなのである。

刑事事件での取調べや事情聴取でも、人は過去に体験した出来事を語るとき、単に記憶によって語るのではなく、むしろ記憶の場面に臨場しているかのように思いなして語る。その結果、まるで現場で実況中継しているかのような供述や、小説の文章と見まがうほどの詳細な供述が出来上がってしまうことがある。そして、これを読む裁判官が、そこに「あたかもその場の光景を眼前にするが如き」臨場感を認め、「真実の体験者でなければ述べ得ない」供述だとして、その信用性を認定したりする。

しかし、これがいかに危険な認定であるかは、これまでの議論からすでに明らかであろう。それはちょうど先の図2のような図形を見て、実際にはありえない立体をあたかも現実のように見てしまうのと同じである。

人は自分の実際の体験を記憶によって語るときも、臨場モデルに沿って、かつて臨場した状況を思い描き、しばしばそこで現実の記憶以上のことを語る。また人は、嘘の世界に陥って、そこから嘘の世界を展開するときも、臨場モデルに沿って、嘘を現実らしく語る。いや、想像による嘘の語りの方が自由なだけ、豊かに臨場世界を描き、それだけより真実らしく語ることもできる。そうだとすれば、その語りの真偽を私たちはいかにして判別できるのか。供述分析の課題がここに登場する。

4　許せない判決

冤罪者の怒りに自分を重ねて

私はこれまでいろいろな事件につきあって、たくさんの鑑定書を書いてきた。いずれも冤罪主張の事件である。そして、そこに巻き込まれてきた被疑者、被告人の供述を分析し、あるいは被害者や目撃者の供述をつぶさに検討して、やがて事件の全体像が見えてきて、冤罪だとの結論が自分のなかで避け難くなるにつれて、怒りを抑え難くなることがある。もちろん怒りによって目が曇ってしまったというようなことがあってはならないのだが、自分のなかではその結論にいたる理路が十分に明確になるように努めているつもりだし、反論があれば正面から受けとめて議論できるとも思っている。それゆえ鑑定での分析作業そのものはいたって冷静なつもりでいるのだが、それでも、有罪を確信する裁判官の自信たっぷりの判決書を、ひとり自分の部屋にこもって読んでいると、そのあまりに不合理な判断に、ついむかっ腹を立てている自分がいる。

裁判所は、心理学者が供述について分析した鑑定書に対して、ほとんどまともに対応しない。そもそも裁判で証拠として取り上げられる自白や目撃の供述については、裁判官自身が検察官の主張、弁護人の反論を考慮しながら、その信用性を判断する立場にあるのであって、そこに心理学者が関与する余地はないと考えているらしい。先にも書いたことだが、死体の法医学鑑定や物的証拠についての自然科学的な鑑定などは、裁判官は専門ではないので、外部の専門家に鑑定を依頼するけれども、供述の任意性や信用性の判断はまさに裁判官の専決事項であって「鑑定にはなじまない」というのが裁判官たちの常識なのである。

しかし、これまでの冤罪の歴史を洗ってみれば分かるように、供述の信用性・任意性判断の過ちによって、どれほどの数の冤罪者が苦難を強いられてきたことか。多くの裁判官たちはその歴史的な事実を真摯に見つめようとしない。心理学の視点からの鑑定書が提出されたとき、その内容に問題があって受け入れられないというのであれば、せめてそれを具体的に指摘して、問題点を明示してもらえれば、鑑定人としても納得できるのだが、ほとんどの場合、裁判所は事実上なんらの理由も示さずに、門前払いにしてしまう。私自身、そんな苦い思いを何度もなめてきた。

最近、その苦渋を味わうことになったのは、二〇〇五年に起きた電車内痴漢事件の再審請求審である。満員電車のなかで痴漢だと訴えられた六〇代の男性は、終始一貫して無罪を主張し、最高裁まで争ったが、主張を認められず実刑判決を受け、実際に刑期を務めた。そうして出所後に、なお無実を主張して、二〇一一年に再審請求を起こした。私は弁護人からの依頼によって、この事件の被害者と目撃者の供述について心理学鑑定を行い、その結果、被害者たちが犯人を取り間違えた可能性が高く、その供述の信用性には問題があるとの結論を得て、鑑定書にまとめ、それを裁判所に提出した。その再審請求を棄却する決定が、二〇一三年八月に出たのである。

あまりに情けない話

私の鑑定書は、捜査段階の供述から法廷での証言にいたるまで、具体的な個々の論点をすべて取り上げて詳論したために、一一二頁に及ぶ大部なものになった。ところが棄却決定で裁判官が私の鑑定書に触れた部分はわずか一二行、次のような内容でしかない。

この鑑定書は、被害者と目撃者の証言について、体験の記憶をもとにしながらも、それに加えて推測や想像、それによる誇張が顕著にみられ、相当に汚染されているとの結論を避けることができないとしている。

この鑑定書の一般論は、認知諸科学の知見に基づくものであると認められるが、その当てはめでは、本件の判断過程に対する評価、意見とみられるものであり、そもそも証拠としての価値を認めることが難しい。

さらに、この鑑定書は、上記の意見の前提として、判決書に証言の要約が掲載されていることを根拠に、確定判決が公判廷での個々の問答のやりとりに踏み込んで検討していないという指摘をしているが、これが誤りであることは第一審や控訴審の判決文を検討すれば明らかである。

私の鑑定書は、本件の唯一の証拠である被害者・目撃者の供述について、ただ一般論として「相当に汚染されている」と述べたのではない。捜査段階の初期供述から公判での証言にいたるまで、その全供述過程を精査して、情報の汚染があることを個々具体的に指摘し、かつこれが犯人特定を誤らせた可能性が高いことを、これも論拠をあげて示したのである。しかし、裁判官は私の指摘した問題点のどれ一つとして具体的に取り上げて検討せず、「証拠としての価値を認めることが難しい」と一方的に断定するにとどまっている。

また、私は鑑定書で、ただ単に「確定判決が公判廷での個々の問答のやりとりに踏み込んで検討していない」と指摘したのではない。公判廷での個々の問答のやりとりに踏み込んで検討したならばかならず気づいたはずの問題点を看過していることを、これもまた具体的に指摘したのである。裁判官はこのことをまったく理解していない。

いずれにせよ、簡単に言ってしまえば、私の鑑定書は裁判官から相手にしてもらえなかった。もし個々に論争したとすれば、およそ簡単には反論できないはずの問題点が、私の鑑定書にはいくつも盛られていたにもかかわらずである。こうまで言ってしまえば、私の自信過剰に見えるかもしれないけれども、心理学の視点からはあまりに「みえみえ」の問題点があって、これを見逃すことはおよそできないと思ってしまう。ところが、裁判官はそのどれ一つとして取り上げようとしない。彼らは自分たちこそが供述判断の専門家であって、外部からの口出しは無用と思っているのかもしれない。しかし、裁判官の側にそう豪語するだけの論理が十分にあるとは、およそ思えないのである。

私が提出した鑑定書に対して、裁判所が「（裁判官が下した）本件の判断過程に対する評価、意見」にすぎないとして、これを排除するとき、その断定を根拠づけるのは、彼らの根拠のない「権威」にすぎないように、私には見える。じっさい、私の鑑定書を証拠から排除するにあたっては、上記引用の判決文を示すのみで、それ以上の何らの根拠も示していない。このような判決や決定によって、無実の人がその人生をすっかり狂わされてしまうとすれば、それは許されることではない。じつのところ、腹が立つのを通り越して、情けなくなってしまう。

裁判官は、自分たちが判断を過つことで、人の人生を狂わせてしまうかもしれないことに、なんらの恐れも感じていないのだろうか。人の人生を左右してしまう判断を下すとき、その判断はそれぞれに合理的な根拠に裏づけられていなければならない。供述分析が必要となるのは、まさにそのためである。しかし、裁判官たちはまるで自らが聖域に属しているかのように、なんらの根拠を示すことなく、最終判断を下して恥じないように見える。もちろん、犯罪は許されない。しかし、それと同様に、冤罪もまた許されない。その冤罪への恐れをもってはじめて、人は人を裁くことができる……と思うのだが。

第Ⅱ部 「自白」の謎に出会う

第3章　冤罪事件の最大の暗部である虚偽自白

1　自白がネックとなった多くの事件

供述とは、裁判で争われる事件にかかわって、その体験者（あるいはその「体験者」と称する者）が、自らの体験の記憶に基づいて（あるいは「自らの体験の記憶に基づく」と称して）語った文章群である。そこには事件についての目撃供述、その事件の被害者による被害供述、そして事件の犯人として疑われた被疑者・被告人の自白や否認の供述など、種々の立場からのものが含まれる。本書では、これまで甲山事件や自民党本部放火事件の目撃供述、わいせつ事件での女児の被害供述などを例に、供述一般にかかわる話をしてきたのだが、刑事裁判における供述分析の課題として一番に問題になるのは、なんといってもやはり被疑者・被告人の自白である。

自白はいまも「証拠の王」

わが国の刑事裁判の歴史を振り返ってみれば、自白の真偽をどのように判断するかによって有罪―

無罪の判断が決定的に分かれるケースが数えきれないほど繰り返されてきたし、たったいまもこの自白問題がネックとなって、再審の扉が開かれない事例がいくつもある。刑事訴訟法のうえでは、自白の「証拠としての価値」を制約する歯止めが、あれこれかけられているはずなのだが、実際には、自白がなおも「証拠の王」たる位置を占めつづけている現実がある。

日本の刑事裁判においては、有罪判決が全件数の九九・九％に及ぶ時代が長く続いてきた。裁判で有罪率は九八〜九九％であったというから、自分はやっていないと無実を訴えても、その主張が認められて無罪になるのは一〇〇人中せいぜい一人か二人にとどまるのである。裁判員裁判が導入された後も、状況はほとんど変わらない。これについて検察側は、起訴にあたって確実に有罪になる事件を厳選している結果だというのだが、それにしても全件数のうちの無罪率がせいぜい〇・一〜〇・二％、否認事件でもそれが一〜二％にとどまるという事態は異常ではないか。つまり、刑事事件の有罪―無罪の帰趨はほとんど検察の起訴段階で決まり、裁判でそれが覆る例はむしろ圧倒的に少数であるわけで、その意味では、裁判そのものが十分に機能していないとも言える。

なかでも問題は、裁判で否認しても、それ以前の捜査段階で自白しているケースである。世間一般には、無実の人が嘘で自白をすることなど、まずふつうにはありえないと思われている。それは裁判官の多くもまた同じである。現に、被疑者が捜査段階で拷問などの暴力的な取調べなしに自白してい
れば、裁判でいくら無実を訴えても、裁判官はその主張をなかなか認めない。しかし、現実には、現

在の法的判断でとくに任意性を侵すと思われていない取調べ状況の下で、無実の人たちが虚偽の自白に陥ってしまう例がけっして珍しくない。

具体的な事件について現実の虚偽自白事例をいくつもみてきた者の目には、無実の人が虚偽自白に落ちる心理過程に何の不思議もない。わが国の刑事取調べの現状は被疑者にとってそれだけ心理的に厳しいのである。しかし、そうした事例を具体的に追ってみたことのない多くの人々にとって、虚偽の自白はなおも謎でありつづけているし、裁判官にとっても、多くの場合、その点に変わりはない。そしてこの現実が、無実の人の冤罪を晴らすうえで最大のネックとなっている。

冤罪事件の最大の暗部

戦後のわが国の刑事裁判で、冤罪であるかどうかが争われてきた大きな事件を列挙して見てみれば分かるが、その多くに自白がある。たとえば、表1に挙げたのは、殺人という重罪事件で、長い裁判の末に最終的に無罪で決着した代表的な事例である。このなかで自白のないのは弘前大学教授夫人殺し事件と徳島ラジオ商殺し事件、山中温泉事件だけで、それ以外の一四件にはいずれも自白がある。なかでも注目されるのは、最高裁まで行って死刑判決が確定した後に、再審請求を繰り返して、最後に再審が開かれ、無罪になった免田事件、財田川事件、松山事件、島田事件の四件である。これらの事件では、無実の人が死刑囚になり、獄中三〇年前後を経て、再審でようやく無罪になり、娑婆に帰ってきた。その四事例にはいずれも自白があって、これが死刑確定の大きな根拠となってきたのである。

また、表2に挙げたのは、同じく殺人事件で、有罪が確定しているけれども冤罪が強く疑われ、再

表1 戦後日本における有名な冤罪事件（無罪確定した殺人事件）

発生年	事件名	裁判の経過
1948年	免田事件	51年死刑確定，83年再審無罪
1949年	弘前大学教授夫人殺し事件	51年第一審で無罪，53年懲役15年確定，63年出所，77年再審無罪
1949年	松川事件	50年第一審で5名死刑，59年破棄差戻，63年全員無罪確定
1950年	財田川事件	57年死刑確定，84年再審無罪
1950年	梅田事件	58年無期懲役確定，71年出所，86年再審無罪
1951年	八海事件	52年第一審で死刑を含む有罪，紆余曲折を経て，68年無罪確定
1953年	徳島ラジオ商殺し事件	56年懲役13年，58年上告を諦め確定，79年死去，85年再審無罪
1954年	島田事件	60年死刑確定，89年再審無罪
1954年	仁保事件	62年第一審で死刑，紆余曲折を経て，72年無罪確定
1955年	松山事件	60年死刑確定，84年再審無罪
1967年	布川事件*	78年無期懲役確定，96年出所，11年再審無罪
1969年	高隅事件	76年第一審で懲役12年，紆余曲折を経て，86年無罪確定
1970年	大森勧銀事件	73年第一審で無期懲役，82年無罪確定
1972年	山中温泉事件	75年第一審で死刑，90年無罪確定
1974年	甲山事件*	74年逮捕，75年不起訴，78年再逮捕・起訴，紆余曲折を経て99年無罪確定
1990年	足利事件	91年逮捕・起訴，00年無期懲役確定，10年再審無罪
1987~9年	北方事件*	02年逮捕・起訴，07年第二審で無罪確定
1995年	東住吉事件*	06年無期懲役確定，16年再審無罪

審請求がなされた事件、また現在なお再審請求中の事件である。これもまた代表的なものだけで、このほかにも同種の事件はいくつもある。ここに挙げたもののなかには、すでに死刑が執行されている事件が三件あり（福岡事件、藤本事件、飯塚事件）、獄中ですでに死去した事件も五件ある（帝銀事件、三鷹事件、牟礼事件、名張毒ぶどう酒事件、日野町事件）。これらについてもほとんどに自白があり、これが再審請求のネックになってきた。

こうして見れば、敗戦直後から二一世紀の今日まで、冤罪あるいは冤罪が疑われる大きな事件がいくつも起こり続けていることが分かる。表2のまだ決着がついていない一八件のうち、私は一〇件についてその自白にかかわる供述鑑定を行ってきたのだ

表２　現在なお決着のついていない冤罪主張の殺人事件

発生年	事件名	裁判の経過
1947年	福岡事件*	56年２名死刑確定，75年１名を恩赦で無期懲役，１名処刑
1948年	帝銀事件*	55年死刑確定，87年獄死　なお第20次再審請求中
1949年	三鷹事件	50年第一審で９名無罪，55年１名死刑確定　67年獄死，再審請求中
1950年	牟礼事件	58年死刑確定，89年獄死
1952年	藤本事件	57年死刑確定，62年再審請求棄却直後に処刑，再審請求中
1961年	名張毒ぶどう酒事件*	64年第一審で無罪，69年第二審で逆転死刑，72年死刑確定，15年獄死，再審請求中
1962年	江津事件	73年無期懲役確定，87年出所，91年死去
1963年	狭山事件*	64年第一審で死刑，77年無期懲役確定，94年仮釈放，再審請求中
1966年	袴田事件*	80年死刑確定，14年再審開始決定認めるもなお即時抗告中
1967年	日産サニー事件	72年無期懲役確定，88年出所，92年再審開始認めるも取消
1974年	富山事件*	81年第一審で無罪，87年懲役10年確定，95年出所，再審請求中
1979年	野田事件*	93年懲役12年確定，94年出所，再審請求中
1979年	大崎事件	81年懲役10年確定，90年出所，再審請求中
1984年	日野町事件*	00年無期懲役確定，11年獄死，再審請求中
1986年	福井女子中学生殺し事件	90年第一審で無罪，97年懲役７年確定，03年出所，再審請求中
1989年	姫路事件*	96年懲役７年確定，97年出所　再審請求するも却下
1992年	飯塚事件	06年死刑確定，再審請求準備中の08年処刑，再審請求中
2001年	仙台北稜クリニック事件*	08年無期懲役確定，再審請求中

注：表中の＊は筆者が鑑定でかかわった事件である。

が、その成果が実ることなく、いずれも再審の門が開かれないまま「事件」は終わっていない。そして同様の事件が後から後から累積し続けているのが現実である。

それにしても、無実の人がなぜ虚偽の自白に落ちてしまうようなことが起こるのか。世間ではこれが非常に不思議なことだと思われている。しかし、長くこの世界につきあってきた私には、現在の被疑者取調べの状況が変わらないかぎり、これがむしろごく自然な心理であるように見える。このことを裁判官たちに十分理解してもらえないかぎり、冤罪の根を断つことはおそらく難しい。

虚偽自白とその類型

「虚偽自白」とひと言で言っても、そこにはいろいろな種類がある。たとえば、自分にとって大事な人が犯罪を犯したときに、その人をかばうために、自分が身代わりになって自白する「身代わり自白」なども虚偽自白の一つである。あるいは、世の中には奇妙な人たちがいて、マスコミで大きく騒がれるような大事件が起こると、自分がやったと名乗り出て、有名になろうとするような人が出てくる。悪名も有名の一つという意味で、これは「有名願望による自白」と呼ばれる。ただ、自分の側から名乗り出て言い立てるこのタイプの虚偽自白は、いわゆる虚偽自白とは異なる心理機制によるもので、ここではとくに取り上げない。問題となるのは、被疑者として取り調べられ、最初は否認していたのに、取調べの圧力に負けて虚偽の自白に落ちるものである。

そこには二つのタイプがある。一つは「強制迎合型虚偽自白」(coerced-compliant false confession)、もう一つは「強制自己同化型虚偽自白」(coerced-internalized false confession) と名づけられている。前者は、被疑者が自分はやっていないとはっきり分かっているのに、取調べが辛くなって、取調官に言わば「迎合」して虚偽自白してしまうタイプで、一般に虚偽自白と言えばこれが典型である。それに対して後者は、取調べで執拗に追及を受けるなかで、犯行の行われたとされる時間帯について、自分の記憶に自信がなくなって、証拠らしきものを突きつけられていくなかで、「ひょっとして自分がやったのかもしれない」と思いはじめ、やがて自白をしてしまうものである。後者の例は、一般にはあまり知られていないが、酒を飲んで酔っ払って記憶を失っているときなどに、事件の周辺にいて疑われ、巻き込まれて自白に陥るような例がある(実例としては大分女子短大生殺し事件を記録した小林道雄『冤罪の作り方』講談社文庫が参考になる)。このタイプも興味深いものだが、現実の事例ではあまり多くない。

そこで、ここでは虚偽自白の心理過程を、前者の強制迎合型の自白に絞ってお話ししていくことにしたい。無実の人が、取調べを受けている事件について自分は無実であることを知っている。それにもかかわらず、拷問などの暴力的な取調べを受けたわけでもないのに自ら自白する。それは何故なのか。問題はそこにある。

2 無実の人が自白に落ちる心理

虚偽自白の二つの過程
――自白に落ち、自白を語る

無実の人が虚偽の自白をする過程については、第一に、「私はやっていません」と言って無実を主張している段階から、いよいよ苦しくなって「私がやりました」と自白に落ちる過程（自白への転落過程）と、第二に、自白に落ちて後、そこから問題の犯行を「〜というふうにやりました」と言って犯行筋書を話していく過程（自白内容の展開過程）とがあって、この二つを分けて見ておかなければならない。そこに働く心理はそれぞれ独自のもので、これを区別して考えなければ、虚偽自白を全体として理解することはできない。

無実の人が取調べの圧力に負けて、それまでの無実の主張を諦め、犯人は自分だと認めていく。多くの人が虚偽自白の問題として考えるのはこの第一の過程だが、もちろん被疑者が「私がやりました」というだけで取調べが終わるわけではない。自分の罪だと認めれば、取調官は「じゃあ、どういうふうにやったのかを語りなさい」ということになるし、そこのところで被疑者は犯行の筋書を語らなければならない。そして現に、自分がやったわけではない犯行を自分がやったこととして具体的に語ることになる。どうしてそんなことができてしまうのか。この第二の過程は、第一の過程にも増して、多くの人には謎である。

ここでは、まず「自白への転落過程」から考えてみることにする。

取調官の「証拠なき確信」

無実の被疑者が、取調べの場のなかで、「私がやりました」と虚偽の自白に落ちてしまう最大の条件は、取調官がその被疑者が犯人であると確信して、それを疑おうとしないことである。虚偽自白を考えるためには、この取調官の側の背景的状況をはっきりと押さえておくことが必要である。つまり取調官のいわゆる「思い込み」だが、これを私は「証拠なき確信」(confidence without evidence) と呼んできた。

虚偽自白というと、一般には、多くの人が拷問などの暴力的な取調べを連想する。さすがにいまは拷問などなくなったはずだが、かつては自白を取るためにこの手段が頻繁に使われてきた歴史がある。ただ、この拷問についても、その背景にあるのは拷問者側の「証拠なき確信」であることに変わりはない。中世ヨーロッパに蔓延した魔女狩りでも、拷問者は相手が魔女だと確信していたからこそ、過酷な拷問を加えることができたのだし、それで自白すればやっぱり魔女だったのだと確認することになる。また一方で、拷問にもめげず自白に落ちない者がいれば、これでも落ちないのは魔女だからだと確信を深めてしまうという次第で、証拠なき確信というものは、よほどはっきりした反証でも出てこないかぎり、揺らぐことなく、どこまでも固持され、その確信通りの結果を生み出していく。

この構図が、じつは拷問に限らず、現在の取調べのなかでも同じように成り立つ。犯罪事件が起こり、捜査が進んで被疑者が絞り込まれ、取調べがはじまる。その時点で逃れようのない決定的証拠があれば、もちろんそれで確信するのは当然かもしれないが、そうでない場合でも、人は一定の証拠らしきものがあれば簡単に「確信」にいたる。人が何かを確信するという以上はよほどの証拠があるからだろうと考える向きもあるが、人間の心理はそうそう冷静にはできていない。残酷な犯罪事件が起こり、これに対する憎悪が巻き起こり、事件解決への熱意が強く働けば、それだけで単なる「容疑」が「確信」にいたるのは難しいことではない。中世の人々がほんのちょっとしたことで隣人を魔女だと思い込む心性は、残念ながら、現代の私たちの意識にも同じ心性として通底している。

じっさい、後に冤罪だと分かったような事件でも、事件発生当時を振り返ってみれば、マスコミの報道だけでどれほど多くの人が容易に被疑者への憎悪に巻き込まれ、その犯人性を確信していたかに気づく。たとえば二〇一〇年にＤＮＡ再鑑定によって再審無罪となった足利事件（事件発生は一九九〇年）なども、菅家利和さんが逮捕され起訴された一九九一年当時は、その報道を聞いただけで、ほとんどの人が彼を四歳の女児へのわいせつ殺人事件の犯人と信じ、憎悪し、厳罰を求めた。そして、これを疑った人はほぼ皆無であった。冤罪事件のつど、こうした現実が繰り返されてきた。

このことからも分かるように、少なくとも心理学的なレベルで見るかぎり、人々が抱く確信はかならずしも確実な証拠によるものではない。「証拠なき確信」という心理はけっして珍しいものではなく、むしろ日常に蔓延していると言っても過言ではない。

捜査の専門家であるはずの取調官についても、事態はさして違わない。結果として、よほど注意しないかぎり、取調室には「証拠なき確信」が渦巻くことになるし、そこに巻き込まれた無実の被疑者は、その「確信の壁」に跳ね返されてはぶつかり、ぶつかっては跳ね返されて、やがてはその空しい足掻きに耐えられなくなって、早晩、自白に落ちていく。足利事件の菅家さんの場合も、当時のDNA鑑定によって犯人と断定されたがゆえに、取調官たちはそれだけで彼を犯人だと確信したし、そのために菅家さんの無実の主張は受け容れられず、そのつど取調官の壁に跳ね返された。そうして菅家さんは、拷問があったわけでも暴力的な取調べがあったわけでもないのに、任意同行での取調べを一日、十時間余りにわたって受けただけで自白に落ち、それによって逮捕され、その後一七年の獄中生活を余儀なくされることになった。そのすべては捜査側の「証拠なき確信」にはじまったのである。

取調べの圧力と人間の弱さ

「証拠なき確信」に囚われた取調官は、断固として被疑者を取調べ、被疑者がいくら「私はやっていない」と否認しても、その否認の主張を受けつけない。そうした状況が延々と続けば、それだけで被疑者は耐えられなくなって自白へと転落する。拷問などの暴力的な手段を用いればさらに容易に自白に落ちるかもしれないが、それは必須のものではない。無実の人がそれくらいで自白するとは考えられないと思う人が多いのだが、その苦しみはそれを体験した者にしかなかなか分からない。しかし、過去の冤罪事例をつぶさに追ってみれば、まさに取調官の「証拠なき確信」にはじまるこの取調べの構図こそが、なによりも虚偽自白の最大の背景的要因であることに気づく。

人間は、じつのところ、たった一人にされてしまえば、ほんとうに弱い存在である。「やってません」といくら言っても相手が聞いてくれないとき、日常の普通の場面ならば、「それじゃ、もうけっこうです」と言って、相手とサヨナラすればいいのだが、取調べの場ではそれができない。「やっただろう」「やってません」という押し問答が延々と続くなか、やがて無力感に押しひしがれ、しかもそこから解放される見通しがなければ、それだけで簡単に崩れる。それだけではない。逮捕されて身柄が押さえられれば、もはや身近な相談相手からは切り離されるし、食事・排泄・睡眠などの基本的な生活リズムを警察の管理下に置かれる。おまけに推定無罪という理念などそっちのけで、まるで「犯人」であるかのように扱われたときには、その屈辱感に耐えるのも難しい。さらには、弁護士接見という僅かな窓口を除いて外からの情報がほぼ完全に遮断され、文字通りの孤立無援の状況にさらされる。

こうした厳しさは、まさにこれを体験した者にしか分からないと、多くの冤罪被害者たちが言う。人は「無実ならば堂々と胸をはって自らの真実を主張し続けることができるはずだ」などと簡単に言うが、それはまさにこの現実の厳しさを知らないからにほかならない。

無実の人には刑罰が虚偽自白の歯止めにならない

それでも、有罪になれば死刑の判決を覚悟しなければならないような大事件では、いくらなんでも無実の人が嘘で自白するなどということはあるまいと思う人が多い。どんなに取調べが厳しく辛いからといって、これを死刑という究極の刑罰と比べて天秤にかければ、いくらなんでも死刑の重みは圧倒的で、それを避けようとするのが当然だという理屈である。しかし、そこには人々が見逃しがちな問題がいくつかある。一つは、いま述べたように、無実でありながら逮捕され、取調べを受け、取調官の確信の壁にぶつかることの苦しさ、辛さは、これを体験したことのない人にはほとんど想像できないもので、ときにはそれが肉体的な拷問にも劣らぬ厳しさで被疑者に迫るということもあるのだが、それに加えて、ここで指摘しなければならないことが、さらに二つある。

一つは、取調べのなかで受ける苦しさ、辛さは、被疑者がたったいま味わっている現実であるのに対して、死刑の重みの方は、じつのところ、自白すれば裁判にかけられ、その先で死刑の判決を受けるかもしれないという将来の可能性にすぎないということである。天秤ばかりの比喩は、あくまで両方の天秤皿に同時に重りが乗ることが前提だが、ここで比べようとしているのは、被疑者が「たったいま味わっている現実」と、「将来引き受けることになるかもしれない可能性」であって、これを同時に天秤皿に乗せて対等に比較することはできない。

もう一つは、被疑者がほんとうに犯人ならば、自分がおかした残酷な犯罪行為の記憶が生々しくあり、その自らの行為の結果として自分が死刑になることは、将来の可能性とはいえ、そこに現実感があるが、それに対して無実の被疑者は、自分が犯罪行為を行った体験がないために、たとえ自白したとしても、それでもって死刑になるとか、重罪にかけられるとかいう現実感がもてないという点である。じっさい、これまで冤罪事件で虚偽自白した人に聞くと、ほとんどが自白をしたとき、これで死刑になるとか、重罪にかけられるなど思ったことはないという。そもそも無実の被疑者の場合、嘘の自白に落ちたとしても、そこにはまず刑罰の現実感が伴わない。

この二つの問題を、虚偽自白のことを知らない多くの人々は見逃している。真犯人にとっては、たとえ将来の可能性ではあっても、覚悟しなければならない刑罰が、現実感をもって迫ってくるのに対して、無実の人にとっては、有罪になれば刑罰を受けることを理屈では分かっても、そこに現実感をもつことができない。しかも、それが遠い将来の可能性でしかないとすれば、死刑という刑罰でさえも、無実の人には、虚偽の自白を押しとどめる歯止めにはならない。その意味で言えば、無実の人の方が真犯人よりも自白に落ちやすいという側面さえある。

3　無実の人が犯行筋書を語る心理

「私がやりました」と認めたものの……語れない

無実の被疑者が「私がやりました」と言って自白に落ちたとき、それだけで取調べが終わるわけではない。自分がやったと認めたならば、次に取調官から「じゃあ、どのようにやったのか」と、犯行の具体的内容を問われる。そう問われても、無実の被疑者には、もちろん分からない。しかし「分かりません」とは言えない。そう言ったのでは、取調官から「また否認するのか」と追及される。その追及が耐えられなくて自白した被疑者は、もとの否認に戻る気持ちになれない。それに取調官は、自分の目の前で相手が落ちたのを見て、やっとほんとうのことを言う気になったのだと安堵し、相手が犯人だとの確信をさらに強めている。その取調官を前に、自白に落ちた被疑者はもはや引き返せないところにいる。

それでも、自分がやったのではないから、犯行の具体的な詳細が分かるはずもない。その分かるはずのないことを語らなければならないのである。となると、ここは自分が犯人になったつもりで、懸命に考えて犯行筋書を語る以外にない。無実の被疑者が、言ってみれば「犯人を演じる」。じつのところ、それが虚偽自白の実態である。自白に落ちた無実の被疑者が追い込まれるこのジレンマ状況はまったく奇妙なもので、その実際を知らないものには、なかなか理解できない。

「犯人を演じる」以外にない心理

この虚偽自白の謎は、世間一般にはほとんど知られていない。いや、刑事事件を担当する裁判官も、あるいは被疑者の取調べを行ってきた当の警察官や検察官も、ほとんどがこの実態を理解していないように思われる。私自身も、虚偽自白を本格的に分析・鑑定するようになる以前には、これがやはり長く謎でありつづけていた。その謎が解けて、「なるほど」と思えるようになったのは、仁保事件のことを調べはじめ、その録音テープに出会ってからである。

仁保事件は一九五四年に山口県で起こった一家六人殺しの大事件である。捜査は難航し、事件から一年余りたって、別件で岡部保さんが大阪で逮捕された。岡部さんは山口に護送されて、拷問をまじえた厳しい取調べを受け、その果てに自白に落ちる。その自白転落後、犯行筋書を自ら語り出さなければならない場面から録音が取られ、最終的に自白調書が完成するまで四カ月余り、総計で三三巻の録音テープが残されている。ちょうど録音器が実用化されはじめたばかりのことで、警察もこれは使えると思ったのであろう。それだけではない。仁保事件について警察があえてこの録音テープを残そうとしたのには、ある事情があった。

仁保事件の取調べがはじまったちょうどそのころ、同じ山口県内で起こった八海事件（仁保事件の三年前に起こった強盗殺人事件）の裁判が行われていて、そこでは被告人たちが拷問によって自白をさせられたのだと主張し、法廷では自白調書の任意性が大きな争点になっていた。仁保事件の岡部さんが自白に落ちた後、今度はその自白の任意性を担保する証拠を確保しておきたいという考えが捜査側にあったのだろう。岡部さんがこの大事件を自分がやったと認めた時点で、取調官たちは捜査主任を呼び、同時にひそかに隣室に録音器をセットしてテープを回した。その録音テープが後に裁判所に提出されたのである。検察側にとってこれは岡部さんの自白の任意性を示すはずのものであったのだが、テープをよく聞いてみると、そこには逆に、犯行を具体的に語ることができずに悶々とする岡部さんの姿がまざまざと浮かび上がってくる。

岡部さんは裁判で一貫して否認を貫き、地裁、高裁と死刑判決を受けながらも、一七年の裁判闘争を経て、最後に無罪をかちえた。その無罪判決のとおりに岡部さんが無実ならば、たとえ拷問で自白に落ちたとしても、犯行筋書を語れるはずはない。現に岡部さんは取調べで「私がやりました」と認めた後、そこから一一日間ものあいだ、犯行筋書がほとんど語れない状態がつづいた。そして、録音テープに記録されたその間の取調官とのやりとりには、岡部さんの無実性がはっきりと刻みこまれている。

仁保事件は岡部さんの故郷で起こった事件だったが、事件があったとき岡部さんは故郷を離れて大阪に住んでいたし、それ以前も被害者のYさんとの接点はなく、その家族のことも、その家の様子も知らなかった。それがゆえに、自分がやったと認めた後に、取調官からそのYさんの家にどのように入ったのか、六人をそれぞれどうやって殺したかを問われても、まったくこれに答えられない。その困り果てた様子が録音テープに残されている。以下はその一場面である。

Yの家のかんじんなとこの話になってくるんですが……、事実を言うたら、私にはその家そのものが分からん、ほいで裏から入って……行った言うたら、またどういうふうになるじゃろか、違やすまあか……、まあ自分でいろいろ、この考えてみたんだが。よし、おりゃ犯人になったろ、犯人になったろ。犯人だ。犯人になったんや、おれがやったんや思うて、ものすごい自分で犯人になりすまして、……とってみたんですけど……。

方言混じりでよく聞き取れないところもあるのだが、岡部さんはここで「事実を言うたら、私にはその家そのものが分からん」と言う。それでも「(自分が)犯人だ。犯人になったんや、おれがやったんや思うて、ものすごい自分で犯人になりすまして」なんとか犯行を語ろうとする。そうしてもがき苦しんでいる姿が、ここから浮かび上がる。

無実の被疑者が、厳しい取調べに屈して自白に落ちたとき、そこから犯行筋書を具体的に語ることを求められる。そこで否認に引き返せないなら、結局は自分が「犯人を演じる」ほかない。一見すると奇妙で、理解し難いように見えるが、事実はまさにここで岡部さんの言うとおり、もはや自分が「犯人になったんや」と思い込む以外に、その場に対処する方法はない。そして事件を知悉している取調官とのやりとりを重ねるなかで、事件の具体的な情報を少しずつ知り、その知識を組み立てて、取調官が把握している証拠に合致する自白が仕上がっていく。仁保事件の場合は、そうして自白が完成したのが、取調べがはじまってじつに四カ月余りも後のことであった。

積み上げられた膨大な自白調書から

仁保事件の岡部さんの場合、自白に転落してのち、最初に具体的な犯行筋書が調書に録取されるまで一一日間を要し、しかもその間、具体的なことを語れなくて、もがき苦しんでいる。そのようなことになったのは、岡部さんが自白に落ちた当初、事件のことを具体的には何一つ知らなかったからである。その点で、この岡部さんの自白はむしろ特異なケースである。というのも、多くの場合、冤罪事例で間違って容疑の線上に上がってくるのは、事件の周辺にいて、その事件をよく知っている人たちだからである。

たとえば袴田事件は、静岡県清水市の味噌会社の専務宅で一家四人が刺し殺され、ガソリンを撒いて家を放火された事件だが、被疑者となった袴田巌さんは現場のすぐ近くにある専務経営の味噌工場の住み込み工員で、被害現場の専務宅には日常的に出入りしており、殺された一家四人もよく知っていた。それに専務宅が火事で燃えているさなか、全身ずぶぬれになって消火活動に加わっていたし、火が消えたときには消防団員と一緒に被害現場に入ってもいる。また事件についてのニュースは、新聞やテレビの報道、近隣のうわさを通して耳に入るし、その後の警察の捜査状況にも関心を持たざるをえない。そうしたなかで袴田さんが容疑の線上に上がり、事件から四九日後に逮捕され、厳しい取調べの挙げ句、一九日目にとうとう自白したのである。そのとき袴田さんは、無実であっても、犯行の状況を十分具体的に想像できるところにいた。

袴田さんは、「私がやりました」と自白に転落したその日から、具体的な犯行筋書が詳細に聴取され、その後も膨大な量の自白調書が積み上げられていく。最終的に裁判所に提出された調書は総計四五通、そのまま四〇〇字詰原稿用紙に写し取れば六〇〇枚を超える。ゆうに単行本一冊分に相当する量である。その外形だけ見れば、無実の人がこれだけのことを語れるだろうかと思えてしまう。しかし、じつのところを言えば、袴田さんは自白転落時点で、たったいま見たように、無実でも十分に犯行筋書を想像できる立場にあった。しかも、自白調書は取調官が主導して、文章も直接的には取調官が作成する。取調官の努力次第でどんどんと犯行筋書が書き取られていく。

袴田事件も、他の冤罪事件と同様に、証拠状況は脆弱で、袴田さんを犯人とする確たる証拠があったとは言えない。現に裁判で検察側から提出された物的証拠のほとんどに深刻な疑問があることが指摘されている。しかし、裁判では袴田さんに死刑判決が下され、一九八〇年にはこれが確定、その後の再審請求に対しても棄却の決定が下されつづけてきた。たしかに積み上げられた自白調書の膨大さを前にすれば、それに圧倒される気持ちも分からなくはない。しかし、一歩その膨大な自白の具体的な内容に踏み込んでそれを精査してみれば、そこには説明のつかない大きな変遷がいくつもあり、数えきれないほどの矛盾が含まれている。有罪判決を下しつづけた裁判官はみな、その矛盾・変遷に目をつむり、その真摯な検討を避けてきた。

なるほど、被疑者から聴取された大量の自白調書を見せられると、たいていの人は、実際にやっていない人間が犯行内容をこんなに詳細に語れるだろうかという素朴な感覚に囚われるし、それゆえにその自白の信用性を簡単に認めてしまいがちにもなる。それは裁判官も変わらない。ただ興味深いことに、この事件では死刑確定後二〇年以上たって、第一審を担当した当時の裁判官の一人がマスコミに名乗り出て、じつは自分は裁判で無罪の心証をもったが、二人の先輩裁判官を説得できず、合議で死刑と決して、自分は死刑の判決を書かざるをえなかったと告白している（この出来事を素材にした『BOX』という映画作品が二〇一〇年に製作されている）。「裁判官は弁明せず」と言われるように、裁判官はほんらい自分の下した判決や決定に対してあれこれ説明をしたり議論したりしない。その意味で、この元裁判官の告白は勇気ある行動だと言えなくはない。しかし、そもそも裁判官が判決・決定以外の言わば「場外」でどれほど重大な告白をしたとしても、それは法的になんらの効力ももたない。被告人・請求人の運命を決するのは、やはり法の場で下される判決・決定なのである。

この事件の場合も、もし袴田さんが無実であれば、自白転落後は否認に引き返すことができないまま、自ら「犯人になる」ことを引き受け、「犯人を演じる」ことによって自白調書が積み上げられてきたはずである。そのような視点から袴田さんの自白調書を分析したとき、そこからその冤罪性が浮かび上がってくるのか。それとも、そこにはやはり真犯人の真実の吐露を読み取る以外にないのか。その判別が課題となる。

4　真の自白と虚偽の自白をどう判別するか

無実の被疑者と取調官の合作

前節では、無実の人が辛くなって自白に落ちた後、自分が犯人だったらどうやっただろうかと想像して、言わば「犯人を演じる」、虚偽自白とはそういうものだということをお話しした。「犯人を演じる」と言っても、もちろん、それは「独演」ではない。そもそもってていない無実の人間が自分一人で想像して虚偽の犯行筋書を組み立てるのは容易でないし、自白転落の失意のなかで一方的にそれを語り出すこと自体が、無実の人には心理的にほとんど不可能である。それゆえ、無実の人が「犯人を演じる」にあたっては、かならずそこにその演技をプロモートし、アシストする黒衣が存在する。その黒衣の役割を果たすのが取調官である。

無実の人を自白に落とした取調官は、じつは無実の人を落としたとは思っていない。犯人に違いないと思っていた被疑者がとうとう自白したのであるから、取調官は真犯人がようやく観念してほんとうのことを言う気になったのだと思っている。ところが、被疑者が仁保事件の場合のように事件のことを知らなければ、容疑のすべてを認めたとしても、やはり犯行の内容は語れない。そのとき取調官が虚偽自白の心理過程がこれまでここで述べてきたようなものだと知っていれば、自白に落ちながら犯行を語れない被疑者を前にして、この「語れない」という現実そのものが、じつは被疑者の無実を示していることに気づくはずなのだが、そのことに無知な取調官には、真犯人が煮え切らずに、まだ自白を渋っているように見えてしまう。言ってみれば「半落ち」である。そこで取調官はあらためて証拠を突きつけて、ああではないか、こうではないかと、さらに追及する。その追及をとおして、まったく事件を知らない被疑者であっても、やがてそれがどのような事件であったのか、どのような証拠が問題になるのかが分かってくる。

袴田事件のように、被疑者が事件の現場やその前後の状況をよく知っていて、自白に落ちたときには犯人になったつもりでかなりのことが語れる状態であっても、取調官からなんのヒントもなく犯行筋書が語れるかというと、それは難しい。そこで取調官が、犯行の動機は何か、凶器はどうしたかなどと質問する。被疑者はその質問に導かれて想像し、語ることになるのだが、それが取調官の手持ちの証拠と合致すれば、調書に書き取られる。合致しなければ、取調官からほんとうにそうなのか、おかしいではないか、実際はこうではないか、忘れているのではないかなどと、さらに質問を重ねられて、被疑者の自白は証拠に合うように修正されていく。

供述調書に聴取されていく自白は、こうしてみれば無実の被疑者と取調官との言わば「合作」である。ただ、その合作に取調官がどこまで寄与しているのかは事件によって異なる。袴田事件の場合、単行本一冊にも相当する量の自白を取調官が書き取っていることからみて、そこへの取調官の寄与率はそうとう大きいと考えられる。それに、再審請求のなかで二〇一〇年に証拠開示された自白の録音テープを聞いてみると、袴田さんはとつとつと語る、むしろ寡黙な人で、自白調書の饒舌さとはおよそイメージが異なる。袴田さんの自白調書に書き取られた文章には、袴田さん自身の語り口よりも、取調官の語り口の方がより深く入り込んでいる可能性が高い。

全面自白後に二転三転する自白

私がこれまでやってきた供述分析は、こうした自白過程を念頭に置きながら、真の自白と虚偽の自白とを判別することを基本的な課題とする。もう少し正確に言えば、証拠として裁判所に提出された自白調書は、真犯人が自白して犯行筋書を自分の記憶に基づいて語ったものか（有罪仮説）、それとも無実の人が自白に落ちて、取調官の追及に沿って手持ちの情報に拠りつつ想像で語り、それを取調官が文章化した合作なのか（無実仮説）、この対立仮説を立てて、いずれが調書上の供述をよりよく説明できるかを検討する。

袴田事件の場合を例に取ってみよう。袴田さんの自白調書を見てみると、自白に落ちたその最初から、専務宅の四人を殺傷して、油を撒いて放火したという容疑を全面的に認めている。半落ちなどではなく、明らかに全面自白である。ところが、その犯行状況を具体的に語るところでは、その内容が次のようにコロコロと日替わりで変転している。

一日目（筋書A）　愛人関係になっていた奥さんから、強盗に見せかけて、古くなった家に放火してほしいと頼まれ、深夜に専務宅に忍び込んだとき、専務に見つかって格闘になり、一家四人を刺し殺して、最後に火をつけた。

二日目（筋書B）　奥さんとの愛人関係が専務にばれそうになって、このままでは会社を首になると思って、談判するために専務宅に忍び込んだとき、専務に見つかって格闘になり、一家四人を刺し殺し、最後に火をつけた。

三日目以降（筋書Ｃ）　奥さんと関係があったというのは嘘だった。ほんとうは自分の幼い息子と自分と実母で一緒に暮らすアパートを借りるお金がほしくて、深夜に専務宅に忍び込んだとき、専務に見つかって格闘になり、一家四人を刺し殺して、最後に火をつけた。


「深夜に専務宅に忍び込んで、専務に見つかって格闘になり、一家四人を刺し殺して、最後に火をつけた」という行為の流れの大枠は、いずれの自白でも同じだが、犯行の動機がそれぞれまったく異なっているし、その結果として犯行の具体的な様相も大きく変遷している。検察は、起訴の段階で、このうちの筋書Ｃを真であると主張し、裁判所もおおよその線で認めて死刑判決を下している。なお、この事件では裁判が始まって一〇カ月近くがたった時点で、犯行時の着衣らしき五点の衣類が味噌工場の仕込みタンクから見つかったために、検察側は冒頭陳述で主張した筋書Ｃのうち、犯行時の着衣について修正し、裁判所もこれをほぼ追認している。

しかし、このような認定は、心理学の視点から見て、納得できるものであろうか。もし犯行筋書Ｃが真実ならば、自白に落ちた直後、袴田さんはどうしてすぐにこれを語らず、最初に筋書Ａを、次に筋書Ｂを語ったのであろうか。これらの犯行筋書は徐々に犯行の具体的な内容が暴かれて、最後に全面的な自白になったというものではなく、動機そのものが異なる、まったく別の犯行筋書である。言い換えれば、袴田さんは四人殺害・放火という容疑のすべてを最初から認めながら、その犯行筋書については一日目に真っ赤な嘘をつき、二日目にはその嘘を撤回してふたたび別の真っ赤な嘘をついたことになる。そのように真っ赤な嘘をついて筋書Cを隠さなければならない理由があっただろうか。

袴田さんはその自白のなかで、筋書Aと筋書Bが嘘であることを認めてはいるが、どうしてそうした嘘をつかなければならなかったかについて納得のいく説明をしていない。じっさい、三つの筋書を比べてみたとき、筋書Cがことさら罪が重いとか、あるいは恥ずかしいというわけではない。むしろ専務の奥さんと不倫関係にあったという筋書A、筋書Bの方が、世間的にははるかに恥ずかしい内容であり、自分の実母と息子と暮らすアパートを借りるための数万円のお金がほしくてという筋書Cは、まことにささやかな小市民的動機で、とくにこれを隠蔽しなければならない理由はない。

それに筋書A、筋書Bについて、袴田さんと奥さんとの不倫関係を疑わせるような情報が周囲にあったかといえば、事件当時もその後もそれらしきものはまったく見出されていない。また筋書Cでいう、袴田さんが実母と息子の三人でアパート暮らしをする話も、それを裏づける情報はない。むしろ反対に、実母は実家で病床の夫を介護する立場にあった。その夫を置いて家を出て、袴田さんとアパート暮らしをするというのは、まったく非現実的な話だったのである。

こうしてみれば、袴田さんのこの自白過程は、袴田さんを真犯人とする有罪仮説によって説明することができない。

無実者の想像の産物としか思えない自白

一方、無実仮説に立てばどうだろうか。無実の袴田さんが、一九日間にわたり、連日深夜に及ぶ取調べにさらされて、疲労困憊のはて、最後にはとうとう容疑を全面的に認め、そのうえで犯行筋書を語ることを求められた。しかし、無実の彼にはこれをどう語っていいのかが分からない。無実仮説の下では、袴田さんはこうした事態に追い込まれていたことになる。このとき捜査側の観点からみれば、一家四人全員にそれぞれ十数か所の刺し傷があり、ガソリンを撒いて火を放たれている。そこで、まず動機として、一つには男女関係のもつれなどの怨恨が背後にあることが考えられた。また、一方では、現場から八万円前後のお金の入った布小袋が紛失していることから、お金目当ての犯行の可能性もあった。

袴田さんは、事件当時、妻に逃げられて、子どもを浜松の実家に預け、事件のあった味噌会社で住み込み工員をしていたことから、住み込み先の専務宅の奥さんと関係があったのではないかと疑われた。そこで、自白に落ちて自分の犯行と認めたとき、犯行動機を問われて、その線に乗っかって筋書Ａができてきた可能性がある。しかし、その筋書Ａでは奥さんと共犯の関係にありながら、その奥さんをも刺し殺していて、そこに筋書上の不具合がある。そこで、同じく奥さんとの関係を前提に、次いで筋書Ｂが語られ、さらにはこれ自体にも談判のために深夜に専務宅に訪れたなどという不自然なところが目立つ。そのうえ、そもそも袴田さんと奥さんとの関係を裏づける情報も見つからない。そこから奥さんとの関係が否定されて、結局は金目当てという新たな動機に転じ、まったく異なる筋書Ｃが引き出された。無実の袴田さんが自白に落ちたときには、その後の自白がそういう流れで展開したことが十分に予想される。

袴田さんの自白の変転は、彼を有罪とする有罪仮説によってはおよそ説明不可能である一方、逆に彼は無実であったがゆえに取調官の追及に沿って想像をめぐらし、考えうる筋書を次々と展開するしかなかったという無実仮説によって、十分に説明可能なのである。

自白の変転に注目したこうした分析は、私が鑑定で行った供述分析の一部にすぎないが、これだけでも有罪仮説は棄却され、無実仮説を真剣に受けとめて検討しなければならないことが強く示唆される。

一般に検察官や裁判官が自白問題を取り上げるときは、自白が任意になされたかどうか、その内容が信用できるかどうかを検討するのみで、この任意性・信用性の問題をクリアできれば、自白は他の証拠と絡み合わせて、これが有罪証拠として使われる。これに対して、私が行ってきた供述分析では、自白の具体的内容とその変遷に着目して無実仮説の可能性、つまり被疑者・被告人の無実性をも検討する。そこでは、自白が無実の証拠にもなりうるのである。

一見逆説的とも見えるこうした判断が可能である点に、心理学的分析の独自性の一つがあると言ってよい。私が袴田事件のこの鑑定書をもとに『自白が無実を証明する』（北大路書房、二〇〇六年）という少々挑発的なタイトルの本を書いたのも、このことを端的に法の世界に向けて発信するためだったのだが、残念ながら、この発想がまだ法の世界に受け容れられるにはいたっていない。

5　確定死刑囚の釈放

袴田事件に「再審開始」の決定が出る

袴田事件について大きな動きがあった。二〇一四年三月二七日、その第二次再審請求に対して静岡地裁が「再審開始」の決定を下したのである。私にもしばらく前から新聞社やテレビ局の取材があり、近々決定が出ることは聞いていたが、それがこの日の午前一〇時だと知ったのは、ついその三日ほど前のこと、新聞記者からの取材依頼のメールによってである。

決定が出ると予告されたその日は、たまたま仕事で外に出なければならず、やむなく出先で午前一〇時三分ごろ、こっそりインターネットを開いた。そして画面に「再審開始を決定」の文字が浮かぶのを見て、思わず握り拳を固めた。人がいなければガッツポーズになったはず……しばらくして、ふっと力が抜けるのを感じた。そこで思い出したのが甲山裁判の判決公判のこと。第一審で初めての「無罪」判決を法廷で聞いたときは、ホッとしたとたんに全身の力が抜けた。また、ふたたびの無罪判決を期待して臨んだ第二審では、思いがけない「破棄差し戻し」の判決に一瞬唖然とし、ガクンと力が抜けて、怒りに足が震えたのを憶えている。

裁判所のなかでどんな議論がなされ、どんな決定が用意されているかは、外からまったく見えない。そして、予定の日、予定の時刻を迎えて、そのブラックボックスのなかから判決や決定が飛び出す。

その場面は、何度味わっても緊張する。もちろん、考えてみれば他人事ではあるのだが、そこに深入りすると、わが事のように心身ともに巻き込まれてしまう。袴田事件とのつきあいも、私自身、最初の鑑定書から数えて二〇年を超えるし、今回の第二次再審請求でも取調べ時の録音テープについて鑑定書を提出した。そして、この鑑定作業を通して、前節でも見たように、袴田さんの自白は無実の人の虚偽自白でしかありえないとの結論を得ていたし、私のなかで袴田さんはもはや明らかに無実の人であった。その彼が不当にも国家機関によって半世紀近くにわたり、言わば「合法的に拉致」されていた。私の目で見るかぎり、彼はもう一つの「拉致被害者」だった。

合法的「拉致被害者」の釈放

「再審開始」決定の速報を見てホッとした数時間後、再びインターネットを開いて驚いた。裁判所が、死刑の執行を停止したのは当然として、同時に拘置の執行停止も命じていたのである。そして、その夜のニュースには、実際に拘置所を出てくる袴田さんの姿が映像になって流された。これは誰もがまったく予測していないことだった。長い拘禁生活のなかで精神病を患い、姉の秀子さんが再審請求人を代理せざるをえない状況のなか、周囲は袴田さんの精神状態に不安を感じていたが、その袴田さんが拘置所から出てきたのである。

袴田さんが、長い「拉致」から、やっと、そして突然、解放された。……しかし、まだ安心してよいわけではない(1)。通常は、再審開始の決定が出ても、検察側が即時抗告を行えば、その決定はペンディングされたまま裁判所の審理が続くし、一般にはその間身柄が釈放されることはない。そうなれば決着がつくまでさらに何年かを覚悟しなければならない。それどころか、名張毒ぶどう酒事件の場合は、二〇〇五年に第七次再審請求でようやく名古屋高裁から再審開始の決定が出て、死刑執行も停止されたにもかかわらず、検察側の異議で名古屋高裁の別の部が二〇〇六年にこの開始決定を取り消す決定を行って、再審請求はふたたび振出しに戻っている。もちろん、請求人の奥西さんはその間ずっと獄中のまま、健康を危ぶまれながらすでに八七歳を超えている。(2)「再審開始」の決定が出ることは、それ自体が非常に大きなことだが、それだけでは単純に喜べないのが、わが国の司法状況なのである。

ただ、今回の袴田事件の再審請求審では、袴田さんの犯行着衣として最重要証拠と目されていた五点の「血染めの衣類」について、最新の技術によるＤＮＡ鑑定によって、その付着血液のＤＮＡが被害者のものとも袴田さんのものとも合致しないという結果が出されていた。しかも、もしこの鑑定が正しければ捜査側の証拠偽造が疑われるという事情があって、この鑑定結果を受けた今回の決定は、本件を袴田さんの犯行とするには重大な疑いがあるとすると同時に、捜査側の偽造疑惑をそうとう踏み込んで認めている。捜査側の証拠偽造は、これまで種々の冤罪事例で問題視されてきたが、裁判所が判決でこのようにはっきり指摘する例はきわめてめずらしい。

今回の決定は、こうした認定に立って「国家機関が無実の個人を陥れ、四五年以上にわたり身体を拘束し続けたことになり、これ以上袴田さんの拘置を続けるのは耐え難いほど正義に反する状況にある」として、「一刻も早く袴田さんの身柄を解放すべきだ」と命じたのである。それにしても長い「拉致」であった。

思い起こしてみれば、事件が起こったのは一九六六年六月三〇日未明、その被害者の四九日の法要に合わせるかのように、八月一八日に袴田さんが逮捕され、そこから四八年ものあいだ獄中に囚われてきた。当時三〇歳だった袴田さんが、釈放時には七八歳である。私の人生に重ねて言えば、私が一八歳で田舎を出て二年目、大学二回生だったときに事件が起こり、そこから大学に職を得て定年まで勤め、現在にいたる時間を、彼は囚われの身で、しかも死刑の執行に怯えながら監獄のなかで生きてきた。

「主よ、いつまでですか」

思えば、小説『巌窟王』で知られるモンテクリスト伯が冤罪に陥れられて獄中にいたのが一四年、袴田さんの現実はこの架空の小説をはるかに超える。その作中で復讐に燃える伯爵は「待て、しかして希望せよ」と繰り返すのだが、袴田さんの場合、その一四年で死刑が確定、それからさらに三四年の歳月が流れた。モンテクリスト伯でさえ絶句して、もはや「希望せよ」と言えないに違いない。

ちなみに、袴田さんの獄中書簡を一冊にまとめた本がある。そのタイトルが『主よ、いつまでですか』（新教出版社、一九九二年）というもの。聖書のことばだが、それを袴田さん自身が死刑確定後の書簡の一節に引いている。最高裁で刑が確定するまでは、まだしも裁判の審理に立ち会うことがあり、そこに期待を寄せることもできた。しかし、裁判官を信じて必死に戦ってきたすえに、その最後の最高裁で上告が棄却され、死刑が確定した。そうして刑が確定してしまえば、あとは再審請求しかないし、再審請求は弁護人と検察官との書面のやりとりだけで、請求人である袴田さんには、審理で何がどう動いているのかさえもみえない。そのうえ再審開始は「針の穴に駱駝を通す」という比喩で語られるほど難しい。となれば、もはや何に頼ればよいのかもみえない。袴田さんが置かれていた状況はそのようなものであった。

袴田さんは獄中で洗礼を受けてキリスト者になり、希望を見失いかけるなかで、「主よ、いつまでですか」とつぶやく。その彼の現実はあまりに重く、切ない。モンテクリスト伯のことばを借りて「待て、しかして希望せよ」などと言っても、およそ空しい。

死刑確定後の袴田さんは次第に精神を病み、看守のなかに電気を流すやつがいてかなわないと言いはじめ、身内にあてた手紙や葉書の文章も乱れてくる。元プロボクサーの袴田さんは、この事件に出遭うまで文章を書く習慣などなく、最初のころの文章は非常に拙いものだったが、裁判所に向けて自らの無実を訴える文章を書き、裁判資料を読み込み、さらに受洗後は聖書を熟読玩味するなかで、やがて論理的で、ときに詩的とさえ言える長文の文章をたくみに書き綴るようになった。しかし、一九八〇年代になってからは、その見事な文体が崩れ、そこに精神の荒廃が表れるようになる。そして最近は、姉の面会にも弁護団の面会にも、俺は袴田巌じゃないと言って、応じなくなっていたという。

いや、じっさい、明日への希望をいっさい断たれた人が、どのようにしてこの想像を絶する辛苦に耐えることができるだろうか。そう思えば、被害の妄想に囚われ、自己のアイデンティティすら揺らいでしまっている袴田さんの病状を、単に精神の障害といってすますわけにはいかない。

ともあれ、遅すぎたとはいえ、確定死刑囚である袴田巌さんは、生きてこの娑婆に戻ることができた。テレビの画面に映る袴田さんは、思ったより元気そうで、まずは半年ほど都内の病院に入院して、社会への再出発を期すという。ただ、袴田さんは姉の顔を見、古くからの弁護人から激励とお祝いのことばをかけられても、なお表情は硬く、まるで笑顔を忘れたかのように見える。このまま再審が開始され、無罪を獲得して、そこから彼の精神が文字通りにこの社会に復帰することを願わずにはいられない。

そして、そう願ったうえで、ひとこと付言しておかなければならない。袴田事件でもまた、ＤＮＡ鑑定という物証上の問題が表に出て再審開始決定が下されたのはよしとして、その陰で自白そのものの問題は伏せられたまま、「自白が無実を証明している」現実にはなお光が当てられていない。

注

（1）連載時のこの懸念が後に現実のものとなった。ここに書いたように袴田事件は二〇一四年三月に再審開始決定が出て、袴田さんは身柄を解放されたが、これに対して検察側は即時抗告を行い、いまもなお無罪確定にはいたっていない。

（2）これは連載の時点でのことで、その後、二〇一五年一〇月四日、第九次再審請求のさなか、奥西勝さんは八九歳で獄死する（二五九頁参照）。

第4章　犯人を演じる――「賢いハンス」現象

1　虚偽の自白がなぜ見抜けないのか

自白の供述分析を正面から受けとめようとしない裁判所

私がこれまでやってきた供述分析は自白が中心で、目撃者や被害者の供述の分析は多くない。しかし、裁判所に受け入れられたのは、甲山事件（一九七四年）や自民党本部放火事件（一九八四年）の目撃供述の分析、あるいは電車内痴漢事件の被害供述の分析だけで、自白については、残念ながら、その供述分析を裁判所にまともに受けとめられたことがない。唯一、軽度の知的障害の男性が巻き込まれた瀬戸内海フェリー甲板長殺し事件（一九九三年）で、被告人の被暗示性に関する分析が認められて無罪が確定したくらいなものである。

振り返ってみれば、福岡事件（一九四七年）、名張毒ぶどう酒事件（一九六一年）、狭山事件（一九六三年）、袴田事件（一九六六年）、野田事件（一九七九年）、日野町事件（一九八四年）、東住吉事件（1）（一九九五年）など、さまざまな重大事件について詳細にわたる供述分析をいくつも提出してきたが、そのほとんどがまともに議論の俎上に載せられることなく、あっさり切り捨てられてきた。戦績で言えば、みごとに「負けっぱなし」である。私の分析にそれだけの説得力がなかったのだと言われればそれまでだが、私のなかでは簡単に納得できない。

たしかに、法と心理学のあいだには大きな視点の違いがあって、その懸隔を乗り越えるのは容易でない。しかし、いずれも冤罪の訴えが繰り返されている事件であり、その主張を正確に判断するために多少でも心理学の寄与すべきところがあるのなら、裁判所もその分析をいったんは受けとめて、そのうえで法の視点からの議論を示すべきであろう。しかし、これまで裁判官たちはほとんどが門前払いに等しい扱いで、自白の供述分析を正面から受けとめることがなかった。裁判所は従来からの判断枠組に縛られたまま、そこから一歩も出ようとしていないように見える。

虚偽自白を見抜くには虚偽自白を知らなければならない

これまで繰り返し指摘してきたことだが、そもそも自白の任意性や信用性の判断は裁判所の専決事項であって、外部の専門家による鑑定にはなじまないとの考えが、法曹界には根強い。現に、裁判所が供述の信用性について心理学の研究者に鑑定依頼した例は、私の知るかぎり、皆無である。

一般の事例で、自白や目撃供述などについて、とくに心理学的な問題がないときには、もちろん裁判所における検討・判断で十分なのかもしれない。しかし、自白や目撃供述はすぐれて人間的な現象で、そこに心理学的要因が多分に絡んでくる。とりわけ無実の人の虚偽自白が疑われる場合、その心理には相当に特異なところがあって、従来の裁判所の検討では射程がそこにまで及ばない。裁判官たちはその現実をどこまで知っているのか。じつのところ、裁判官も検察官も、そして弁護士も、その司法試験や司法修習の課程に心理学の履修は求められていないし、虚偽自白が心理学的にどのようなものであるかを学ぶ機会を与えられていない。

証拠として提出された自白が、真犯人のものか無実の人のものかを正しく判別するためには、そもそも無実の人の虚偽自白が心理学的にどのようにして生まれてくるかを知っていなければならない。ところが、裁判官たちの多くは、虚偽自白を判別するために必要となる事項を、いくつかの注意則として、過去の判例から箇条書き的に学んではいても、その虚偽自白がどういうものなのかを原理的に知らない。そして、虚偽自白がどういうものかを知らないかぎり、それを見抜くこともできない。

たとえ話で言えば、キラキラと光る金属を見て、それが金なのか、それとも金まがいの偽物なのかを見分けようと思えば、ほんものの金がどのような性質をもっているのか、金に間違われやすい金属にどのようなものがあって、それがほんものの金とどう違うのかを知っておかなければならない。虚偽自白の判別もそれと同じである。虚偽自白の心理メカニズムを知らないまま、「死刑にもなりかねない重大事件で自白しているのだから虚偽であるはずがない」などと素朴に判断してしまうような人が裁判官のなかにも少なくないが、それは金の物理化学的特性を正確に知らないまま、キラキラ光っているから金に違いないと判断するようなものである。まさにそうした類いの過ちが、日本の刑事裁判では跡を絶たない。

取調官たちも虚偽自白を知らない

取調室で自白を引き出してくる取調官たちも、その点では変わらない。虚偽自白と言えば、取調官が無実の人を故意にでっち上げたと思っている人もいるが、そうした事例はむしろ例外で、取調官が被疑者を真犯人と確信して自白に落とし、そこで得られた自白を真犯人のものと思い込んで、それをそのまま証拠として法廷に出してくる。

事件が起こって捜査が進められ、それらしき証拠があがって、被疑者が取調室に引き入れられる。その時点で、ひょっとするとこの被疑者は無実かもしれないと思っていれば、あるいは少なくともその可能性はあると思っていれば、誤って虚偽の自白を引き出す危険性はそれだけ低くなるはずだが、取調官が被疑者を真犯人だと思い込んで責めてしまうと、孤立無援の被疑者は、いくら弁明しても聞いてもらえないなかで無力感に苛まれ、やがて耐えられなくなって自白に落ちる。そのとき取調官はもちろん無実の人を誤って落としたとは思わない。真犯人をやっと落としたと安堵して、有罪の確信をさらに深めることになる。

しかも、そうして自白に落ちた被疑者は、そこから犯行のストーリーを語ることを求められるし、その時点ではもはや「分かりません」とは言えず、自分がやったつもりで「犯人を演じる」ほかなく、取調官の追及に合わせて、それらしい犯行筋書を想像して語ることになる。想像して語るとはいっても、もちろんでたらめに想像してよいわけではない。嘘の自白であっても、嘘はほんとうらしくつかなければならない。被疑者は真犯人になったつもりで、取調官から突きつけられた証拠を組み込み、取調官の確認を受けながら、それなりの自白を作り上げていく。そうして出来上がった自白調書は、当然、捜査側が把握している客観的証拠とおおよそ合致する。実際のところ、自分たちの把握している証拠や現場状況と食い違う自白が出てきたときには、取調官がそれを問い質すはずだし、それをそのまま許容することはない。

現場引き当ての謎

きわめつけは被疑者を現場に連れていって行う引き当て捜査である。被疑者の自白が一応完成すれば、現場での検証を行い、犯行状況を被疑者が再現できるかどうかを確認する。この現場引き当てでは、さすがに真犯人でなければ、現場に残された証拠状況などを正確に指示できるはずがないと思われていて、だからこそ、これをクリアできれば、もう真犯人に間違いないということになる。

たとえば日野町事件では、被害者宅から盗まれた金庫が、人のあまり入らない山中に捨てられているのを山菜採りの主婦が発見して注目されたのだが、被疑者の阪原弘さんは自白後の引き当て捜査で、その金庫の投棄場所を自ら案内して、正確にその位置を指示したという。捜査側は阪原さんの有罪を示す決定的証拠としてこれを強調した。それに対して、阪原さんの無実を主張する弁護団は、立ち会った取調官が巧みに誘導した結果だと批判したが、取調官たちは法廷で「阪原さんは先頭に立って現場を案内したし、自分たちはいっさい誘導がないように万全を期した」と供述し、また阪原さん自身も、法廷尋問で「先頭に立って取調官は後からついてきた」と認める供述を行っている。

この現場検証結果は裁判所の有罪心証を大きく左右した。阪原さんの自白は多くの矛盾を抱えたものだったのだが、それでも真犯人でないかぎりこの金庫投棄現場を正確に案内して指示することは不可能だと判断されたのである。判決では自白内容をそのまま信用してよいかどうかに疑問を呈しつつも、結局、阪原さんに無期懲役の刑を科して、それが確定した。

たしかに、もしこの事件が冤罪なら、現場引き当てで阪原さんはどのようにして山中の金庫投棄場所を指示できたのか、その点は大きな謎であるようにみえる。私自身もこの問題について、当初はよく分からなかった。しかし、DNA再鑑定で再審無罪となった足利事件で、菅家さんもまたまったく同様に、現場引き当て捜査で被害女児の衣服を捨てた場所を正確に指示できた事実を知って、ようやく謎が解けた。

現場引き当てが行われるのは自白がおおよそ完成してからで、その時点で菅家さんはもう取調官の前ですっかり「犯人になって」、自分から犯行筋書を語れるようになっている。また現場についても取調べのなかで図面などを描いていて、おおよそは分かっている。その菅家さんが現場検証に連れていかれた。もちろん現場の詳細は分からないけれども、自白した内容を思い出しながら想像で「犯人を演じる」ことはできる。そうして最後に被害女児の衣服の捨て場所を訊かれたとき、見当をつけて適当に指示する。もちろんこれが一発で当たることはないだろうが、じつを言えば、立ち会った取調官たちはそれまでの現場検証で「正解」を知っている。それゆえ、真犯人であるはずの菅家さんが間違った場所を指示すると、「えっ」という顔をする。あるいは事件からずいぶんたっているから忘れている可能性もあると思って、「よく考えろよ」と言う。すると菅家さんの方では、自分が当てずっぽうで指示していることを知っているものだから、間違ったのだと気づいて、別のところを指示する。それで取調官がまた「えっ」という顔をすると、菅家さんはまた別のところを……というようにして、そのうちほぼ正しい場所を指示する。そうすると、取調官たちも「そこに間違いないな」と言って確認し、安堵する。こういうふうにして現場引き当ては成功裏に終わる。

立ち会っている取調官はみんな「正解」を知っていて、知らないのは被疑者だけ。その状況で被疑者が「犯人になって」その場を演じれば、現場指示も十分に可能なのである。しかも、取調官たちは被疑者が間違って指示したとき、思わず「えっ」という顔をするだけで、自分たちが意図的に誘導したつもりはない。その立ち会い取調官の反応に導かれて、被疑者は「正解」にたどりつくのである。それは、じつのところ、後に紹介する心理学で有名な「賢いハンス」の状況そのものなのである。

2　生還できなかった無期懲役囚の事件

「空しく」とも闘いをやめるわけにはいかない

五月の連休前に琵琶湖のほとりで日野町事件の弁護団合宿が開かれ、私も参加した。春のうららかな水面に幾艘ものヨットが浮かぶのどかな風景を前に、議論は、この湖岸から二〇キロほど離れた日野町で三〇年前に起こった殺人事件のこと。このコントラストが何とも言えない。日野町事件の犯人として無期懲役刑を受けた阪原さんは、獄中から無罪を訴えながら、二〇一一年三月に七五歳で亡くなった。結果として再審請求はいったん閉じ、その後、二〇一二年になって、家族が請求人になり、あらためて第二次再審請求に臨んでいる。

袴田巌さんは、長期にわたる再審請求がようやく実って再審開始が決定し、同時に身柄の拘束が解かれて生還した。それがつい先日のことである。獄中四八年だった。日野町事件の阪原さんは獄中生活で数えて二六年、袴田さんに比べればまだしも短いとはいえ、私たちの想像を絶する長い期間を獄中で過ごしてきた。しかも、阪原さんは獄中で病死、娑婆への生還を果たせなかった。

合宿に参加していた阪原さんの娘さんは、十数名の弁護人を前にして、長年の再審請求への努力に謝意を表しながら、一方で当の父親が他界したいま、なおも裁判所に向けて苦しい闘いをつづけざるをえないことの空しさを漏らされた。阪原さんが無実ならば、彼もまた袴田さんと同じく合法的「拉致被害者」だったことになるのだが、その「拉致」から解放されないまま、娑婆からは遠い塀の向こうで命を絶たれたのである。これからの再審請求で、その不当性、不法性が認められ、復権を果たしたとしても、当の阪原さん自身はこの世にいないし、解放を喜び合うこともできない。その空しさは、娘さんだけのものではない。程度の差はあれ、再審請求裁判に加わっている弁護人や私自身のものでもある。しかし、いかに空しくとも、この闘いを放棄するわけにはいかない。

私が日野町事件にかかわるようになったのは、第一次再審請求が二〇〇六年に大津地裁で棄却され、弁護側が即時抗告した段階のことである。そのころ阪原さんは広島刑務所に収監されていて、私は鑑定のために、アクリル板越しに阪原さんと面会した。阪原さんは、体重が三五キロを切っている状態で、痛々しいほど衰弱していた。それでも精一杯のことばで、自分はやっていないと訴え、一時間ほどの面会の最後には、私に向かって「先生、早く出してくださいよ」と懇願された。その懇願の姿はあまりにストレートで、まるで私が彼を解放する力をもっているると信じ込んでいるかのようにすらみえて、私はすっかりたじろいでしまった。

当時、私はすでに捜査段階の自白やその後の法廷での供述の分析を終え、この事件は冤罪に間違いないとの結論に達していたし、阪原さんが自白に落ちて犯行筋書を語っていく過程をおおよそ思い描くことができるようになっていた。その私からすれば、阪原さんの訴えはまさに冤罪者の真摯な訴えであり、その懇願はそれだけ切実にみえた。しかし、私はもちろん裁判官のように彼を解放する権限をもってはいない。

日野町事件

日野町事件が起こったのは、一九八四年一二月二九日、琵琶湖の南東部に位置する日野町の住宅街。古くからある地元の酒屋の女主人が行方不明になり、翌年の一月一八日に宅地造成地の草むらから絞殺死体で見つかった。そして、それから三カ月余りたった四月二八日には、近くの石原山の山中で、被害者宅から盗まれた手提げ金庫が発見されている。

この事件の捜査で容疑の線上に上がった一人が阪原さんだった。阪原さんはお酒が好きで、被害者の営んでいた酒屋にしばしば出入りして、量り売りで酒を分けてもらい、店内で飲んでいたという。地元ではそうした客のことを「壺入り客」と呼ぶそうだが、阪原さんもその一人だった。その阪原さんが疑われたのは、客として被害者とふだんから親しかったにもかかわらず、行方不明になった後に地元で行った捜索に参加しなかったとか、あるいは死体発見後に行われた葬儀に出席しなかったという些細なことだった。そうして阪原さんが疑われるなかで、被害者が行方不明になった日の夜に、阪原さんがそのお店の近くにいたと言う目撃者が出て、一人で酒を飲みに来た阪原さんが店で年末の帳簿整理をしていた被害者を襲って殺し、お金の入った手提げ金庫を奪ったのではないかという推測が、捜査陣のなかで蠢きはじめることになる。

しかし、当初の取調べでは、被害者が行方不明になった日の夜、阪原さんは知り合いの家でお酒をよばれて、酔っ払ってしまい、翌朝までその家で寝ていたとのアリバイがあったということで、捜査側もそれ以上の追及ができなかった。ところが、そのアリバイに不明な点があるとの話が、その後に登場して、事件から三年余りたった一九八八年三月九日から任意同行による取調べが行われ、その三日目に阪原さんは自白、いったん自宅に帰されたが、翌日に逮捕された。以後、逮捕下で厳しい取調べが進んで、犯行筋書の内容も具体的に語って、それが供述調書として積み上げられ、四月二日に起訴されている。

阪原さんの自白によれば、被害者が行方不明になったその日の夜に、酒屋の店内で被害者を絞殺して、自分の軽トラックで被害者の死体を数キロ離れた宅地造成地に運んで遺棄し、再び殺害現場の酒屋に戻って手提げ金庫を盗り、翌日の夜明けを待って現場を出て、少し離れたところにある石原山という小高い山に登って、その山中で手提げ金庫をこじあけ、なかの現金を奪って、金庫はその場に捨てて帰ったという。

ただ、じつのところを言うと、この自白にはいろいろ問題があった。そもそも殺害現場が被害者の酒屋の店内だということになっているが、そこには証拠上なんの裏づけもない。それに、自分の軽トラックで死体を運んだという話も、幌や何かで死体を隠すことなく荷台に載せ、夜の九時ごろ、この地域でもっとも人通りの多い道路を、荷台をそのままむき出しで走らせたという。おまけに、その経路の途中には警察署もあって、その前を通ったことになっていて、およそ現実味に欠ける。しかし、とにもかくにも阪原さんは、自分が殺ったと言い、具体的な犯行筋書を語ったことで、捜査側はそれを真犯人の自白として調書に記録したのである。

自白には、このようにいろいろ疑問があって、それだけでは信用しがたいものだった。現にこの事件の第一審判決は、阪原さんの自白した犯行内容には信用できないところがあるとして、自白調書を証拠から排除した。しかし、そのうえでなお阪原さんが自白したということ自体を重くみて、その他の状況証拠から有罪判決を下したのである。問題は、自白がほぼ仕上がったころに行われた現場の引き当て捜査の結果であった。捜査記録によれば、阪原さんは被害者の死体を遺棄した場所と現場から奪われた金庫を投棄した場所を、自ら案内して正確にその位置を指示したという。

このうちの死体の遺棄場所は、町はずれの宅地造成地でさしたる特異性がなく、この場所で死体が発見されたことは、地域の人たちもよく知っていて、そこに案内できたからといって、真犯人に間違いないとまでは言えない。しかし、金庫の投棄場所の方は、ふだんはあまり人も入らない山中で、事件から四カ月以上たって、たまたま山菜採りに入った主婦がこの金庫が捨てられているのを見つけたという。そういう場所であったから、たとえ新聞情報などでそれが「石原山」だと聞き知ったとしても、あるいは近くに「高圧電線の鉄塔が立っている」という情報を取調べの場で聞いたとしても、それだけでは「ここ」というふうにピンポイントで特定することは難しい。阪原さんが、その特異な位置を自分から案内して指示できたということになれば、それはまさにこれを実際に投棄した真犯人である証であると思われた。じっさい、この捜査を担当した検事も、まさに特異な場所を正確に指示できたというこの事実によって阪原さんが犯人だとの確信を得たというし、その後この裁判にかかわった裁判官の多くもまた、これによって有罪の心証を固めたと思われる。

「賢いハンス」の構図

日野町事件の最大の謎はまさにここにあった。阪原さんの無実を信じる弁護人たちは、彼が金庫の投棄場所を案内し指示できたのは、立ち会った取調官の誘導によるものだと主張した。一方、それに対して検察側は、この現場引き当て捜査にあたって、取調官たちは問題の金庫投棄場所へいたる道として二つのルートを予想していたけれども、阪原さんはそのいずれのルートもとらず、まったく予想外の経路をたどって案内したのだから、誘導などしようがなかったという。

現場の地図の上でその問題点を見ておこう（図3参照）。石原山は小高い丘をなしていて、その一部はりんご園で、北端に関西電力の鉄塔が立ち、上空を東西に高圧電線が走っている。問題の金庫が発見されたのは、鉄塔から工事用車輌のための道路を数十メートル東に行った㋒地点から、道路脇の急斜面を下った地点Ⓧであった。石原山の西側の麓には県道石原八日市線というかなり広い舗装道路が走っている。もし阪原さんが事件後に被害者宅から金庫を持ち出して、それを最終的にⓍ地点に投棄したとすれば、軽トラックでこの図の㋐地点から㋑地点まで行って、そこで車を停め、そこから歩い

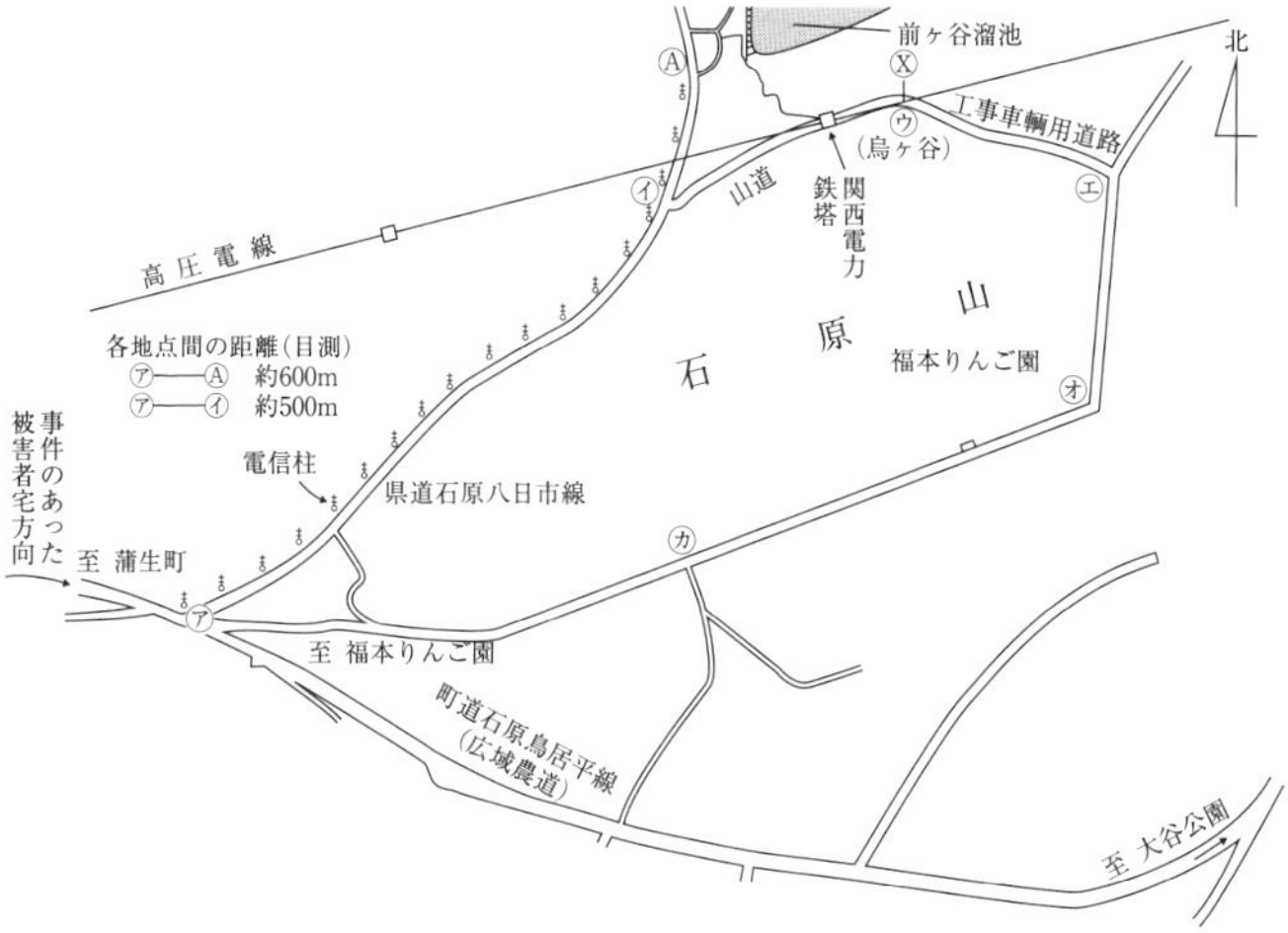

図３　日野町事件で盗まれた金庫の発見現場

て山道に入り、鉄塔の下を経て㋒地点に行き、斜面を下りるか、あるいは車で㋐地点からりんご園のまわりの道を迂回して㋕→㋔→㋓→㋒とたどって、斜面を下りるか、その二つのルートのいずれかだろうと取調官たちは考えたのである。

　ところが、現場引き当てに臨んだ阪原さんは、車に乗せられて㋐地点に行ってから、まずこの道路の鉄塔の見える位置Ⓐ地点まで案内し、そこで車を降りて、畔道を通って溜池の堤の下まで行き、そこから鉄塔を目指して道なき道を進み、灌木の生える茂みを縫って鉄塔まで登り、鉄塔の足元を通る道をさらに数十メートル歩いて、㋒地点から脇の斜面を下り、そこに生えていた松の木の根元Ⓧ地点を指示したのである。それは誰も考えていない経路で、たしかに捜査側が誘導しようと思ってできるものではない。それに、付き添いの取調官たちはみな、誘導しないように阪原さんの後ろからついていったと、法廷で証言している。

このとき立ち合った検察官も、後に法廷に呼ばれたとき、こんな道なき道をたどって行けるものだろうかといぶかしく思いながら、先頭を行く阪原さんの後を追ったという。そして阪原さんは見事に金庫の発見場所にたどりついて、そこをまさにピンポイントで指示したというのである。こうした様子だけを聞けば、これはもう「秘密の暴露」に準ずるもので、彼が真犯人である決定的証拠であるように見える。このことがこれまで弁護側にとって最大のネックだった。

しかし、もし阪原さんが無実で、その彼が自白に落ちて、犯行筋書をおおよそ語り、いよいよ現場引き当てに臨んだとすれば、付き添いの取調官とのあいだにどのような関係の構図が成り立つのか。そのことをよく考えれば、じつは、まさにその場の構図に、謎を解く鍵がひそんでいることに気づく。阪原さんは無実であるかぎり、金庫のほんとうの投棄場所を知らないが、そこに立ち会った取調官たちはみな、捜査情報を通して金庫の捨て場所を知っていて、阪原さんがその場所をちゃんと指示できるかどうかに注目している。その阪原さんは周りから犯人だと思い込まれていて、そのなかで自ら「犯人を演じる」以外にない立場にいる。つまり、周りはみんな正解を知っているが、自分だけは知らない。そしてその知らない正解を当てなければならない。

阪原さんは取調べのなかで問題の金庫が石原山の鉄塔の近くで発見されたことは聞いていた。ただ、その石原山そのものは知っていたのだが、石原山に立つ鉄塔へ行く二つのルートを知らなかった。そこで阪原さんは、県道石原八日市線を車で走って、鉄塔が見えるⒶ地点にまで行き、そこで車を停めて、山の上の鉄塔を目指して畔道をわたり、灌木の茂みに入り込み、ひたすら上に向かって登った。そして鉄塔下にたどりついてからは、ついてくる取調官の様子をうかがいながら道をたどる。何となく見当をつけて進み、間違った方向へ行くと取調官が「えっ」という顔をするし、正しい方向へ行くと「そうだろう」という顔になる。それを手がかりにして、最後には取調官の期待通りⓧ地点にたどりついたのである。ここに「賢いハンス」の構図が成り立ってくる。

3　ことばの背後にあるコミュニケーション

一〇〇年以上前の大発見

ここで「賢いハンス」についてあらためて説明しておこう。「賢いハンス」現象が注目されたのは、いまからもう一一〇年前の一九〇四年、ドイツはベルリンでのことである。そしてプフングストがその調査報告書をまとめて『フォン・オステン氏の馬―賢いハンス』として発表したのが一九〇七年である。時代的に言えば、ウィーンでフロイトが『夢判断』を書いたのが一九〇〇年で、そこから精神分析理論を立ち上げていく過程と、時代がほぼ重なる。ちなみに、このプフングストの業績を心理学史上フロイトの精神分析に劣らぬものだと言う人もいる。ただ、それだけの評価を受けながら、その理論上の価値が今日の心理学において十分に認められているとは言い難い。日本でもプフングストのこの著書が翻訳出版されたのは、原著出版からちょうど一〇〇年後の二〇〇七年である（『ウマはなぜ「計算」できたのか』現代人文社）。私もそれ以前に、これを一つの特異な現象として知っていただけで、そこに理論的な広がりがありうることに気づいたのは、ごく最近のことである。

ハンスという名の馬の飼い主であったフォン・オステンは、もともと公立中学校の数学教師で、ハンスに対して四年間にわたる教育を行い、その結果、ハンスは数を数えるだけでなく、基本的な加減乗除を行い、分数の計算などもできるようになったし、ドイツ語の単語を理解し、文字を読んだり綴ったりもできるようになったという。実際に、ハンスは見物人の前で問題を与えられれば、それに対して頭でうなずいたり、左右に首を振ったり、答えを鼻で指し示したり、口でくわえたり、あるいは答えの数を前足で床を叩いて示したりして、見事に正解を出す。このことが評判になり、しかし、やはり何かトリックがあるのではないかとの疑いが湧き起こって、動物学者や心理学者を含む当時の有識者たちによるハンス委員会が組織されて、ハンスがほんとうに数の計算を行ったり、ことばを理解したりできるのかの検討がなされた。そして、この委員会メンバーが立ち会っての実験で、フォン・オステンが合図を送っている様子はまったくうかがわれなかったし、彼がいないところで別の人が質問をするという設定でも、一定期間を経てハンスがその人に慣れれば、確実に正解を出すことができた。

そうしてフォン・オステンの言う通りハンスには相当の知的能力があるとのお墨付きを得たようにみえたのだが、その後プフングストを中心とする科学的調査において精細な実験が行われた結果、じつのところハンスは質問者が正解を知らなければ、正解を出せないことが明らかになったのである。

たとえば、フォン・オステンがいないところで、別の人がハンスに四という数を言って前足でそれを叩かせた後に、フォン・オステンがやってきて、先の人が言った数の五倍はいくつかと質問する。そのときフォン・オステンは先の人がどの数を言ったのかを知らないので、自分の質問に対する正解を知らない。するとハンスはまったく正解ができない。あるいはもっと単純に、ハンスに目隠しをして質問者の姿が見えないようにしただけでも、正解を出せないことが明らかになった。

ハンスが正解を出せるのは、質問者が正解を知っていて、ハンスがその正解を出せるかどうかに関心を払っている場合に限られる。質問者はそうした期待感をもって、問題を出したあと、ついハンスの前足の蹄に目をやろうとしてわずかに身を前に乗り出す。そして期待している正解の数までハンスが叩けば、「これで終わりだ」という安堵感で質問者はほっとして、頭がごく微かにピクッと上がり（〇・五～二ミリ）、それまでの前傾からまっすぐな姿勢に戻る。質問者自身も意識していないこの微かな動きにハンスは反応したのである。もちろん、このことをフォン・オステンも知らず、ただただ長い訓練の期間を通してハンスの側が、言わば勝手にこの反応の仕方を身につけていたのである。

訓練者や実験者の期待が、意図せずして自身の身体の表現となって表れ、それを被訓練者あるいは被験者が微妙に察知して、相手の期待に応じた振る舞い方をする。そうした非言語的なコミュニケーションが、表面の言語的コミュニケーションの背後でひそかに行われていることを、この「賢いハンス」の現象は見事に示すものだった。このことは、その後、ローゼンタールらによって「実験者効果」とか「ピグマリオン効果」と呼ばれて、動物実験のみならず人間の社会的な現象としても注目されるようになる。

取調官の期待と無実者の演技

私たち人間は、ことばを操る生き物である。それがゆえに、ことばによって自分の思いを相手に伝え、相手を動かそうとするし、あるいは相手のことばによって相手の思いを知り、それに応じて自分も動こうとする。私たちはこのようにして、たがいにことばを交わしあうことによって、それを軸に人間関係を生きている。しかし、その一方、この表面で交わされる言語的コミュニケーションの背後で、言語によらない身体でのコミュニケーションがさかんに交わされていて、それによって相互の関係が大きく支配されてもいる。そしてときに、言語的コミュニケーションと身体的コミュニケーションとがすれちがってしまうようなことも起こる。「賢いハンス」現象はその一つである。

言語的なコミュニケーションはときに、身体のレベルで起こっているコミュニケーションを越えて、それとはまったく異なる世界を立ち上げ、かえって現実の世界を隠蔽し、それを歪曲する。虚偽自白もまた、じつは、そうした例の一つである。虚偽自白では、苦しくなって自白した被疑者は、もちろん自分が犯人ではなく、ただそれを演じているだけだということを知っている。一方、その自白を聴取している側の取調官は、自分が相手を虚偽自白に追い込んでいながら、その自白が虚偽であることを知らない（厳密にいえば、知ろうとしていない）。そこに数の計算をするハンスと同様の構図が成立する。つまり、虚偽自白をする被疑者は、実際の犯行がどのようなものであったかを知らない（つまり正解を知らない）のだが、一方の取調官は事件の捜査の結果として把握した証拠状況から正解はこうであるはずだということを知っていて、自白した被疑者からその正解が語られることを期待して待ち受けている。そして被疑者がその正解に合わない供述をすれば、おのずと「そうか?」と質し、あるいは「えっ?」という顔をして不審を表す。そこで自分は正解を知らないということを知っている被疑者は、取調官の反応を見ながら、自分の供述を適宜修正していく。それによってやがては「正解」が導かれてくるのである。

こうして見れば、現場引き当ての場面では、まさに「賢いハンス」そのものと言うべき状況が生じる。日野町事件の阪原さんの例でいえば、問題の手提げ金庫の投棄場所を、立ち会った取調官たちはみんな知っていて、一方、その場にやってきた阪原さんだけは正解を知らない。しかし阪原さんは、そこでも「犯人を演じる」以外にないし、その正解を知っているかのごとくに振る舞わなければならない。そこで彼は、正解が出るかどうかを期待しつつ見守っている取調官の挙動や表情から、その正解を探り当てようとする。そして、それはけっして難しいことではない。なにしろ取調官たちは誰一人として、ひょっとして阪原さんが無実の人間で、ほんとうは正解を知らないのではないかと疑っていないからである。それゆえ阪原さんが違った方向に行こうとすれば、回りの取調官が「そうか?」「よく考えろ」と言い、「えっ?」という表情をする。それを手がかりにすれば、無実の人でもやがては「正解」にたどりつくことができる。

裁判はことばのうえで展開される世界である。しかし、その背後にはことば以前の身体でのコミュニケーションがうごめいていて、ときにそれが決定的な役割を果たす。日野町事件などを見ると、そのことの恐ろしさをあらためて思い知る。

名古屋高裁の再審請求棄却決定 ——許されぬ非礼なことば

じつは、この原稿を書いているさなか、またしても私にとって衝撃となる報道が流れてきた。二〇一四年五月二八日、名張毒ぶどう酒事件の第八次再審請求が名古屋高裁で棄却されたという。二〇一三年一〇月に第七次再審請求特別抗告が最高裁によって棄却され、翌一一月に弁護団が新たに第八次再審請求を提出してわずか半年である。異例の速さだと言うべきだろう。請求人の奥西勝さんは八八歳で、この間何度か危篤の危機を切り抜けてきた。数年前、第七次再審請求の段階で、私が自白の鑑定のために名古屋拘置所でお会いしたときには、まだまだお元気だったのだが、年月の経つのは早い。この高齢で、死刑執行に怯える日々を耐えて生きることの厳しさを思ってしまう。

名古屋高裁はその棄却決定のなかで、この奥西さんの「加齢や健康状態の悪化の程度を踏まえ、判断を早期に示すことにした」という。奥西さんが生きている間に何とか再審開始をと願って必死に努力してきた弁護団に対して、そして死の淵にいてなお冤罪を訴えている奥西さん本人に対して、なんとも配慮に欠けた、およそ非礼な決定だと思わざるをえない。有罪の確信を前提にしたうえでも、なお許される言い方ではない。

この事件は、そもそも第一審で無罪だったものが、高裁で逆転死刑になった異例の事件であり、しかも第七次再審請求ではいったん再審開始の決定が出た事件である。有罪とするには相当に疑いのある事件として考えるべきところ、決定によれば、新たに提出された証拠はすでに先の最高裁で検討したものと同じで新規の証拠に当たらないという。内容の検討に踏み込まず、まさに形式的な判断でもって簡単に棄却決定を下してしまったのである。彼らには、確定した裁判に間違いなどあろうはずがないという建前があるのだろう。しかし、この建前ほど怖いものはない。

この事件でもまた、ことばによる自白がネックになっている。物的証拠上の問題が指摘されて再審開始へと傾きかけるつど、それでも自白があって、五人を毒殺するような大事件で死刑を覚悟して無実の人が嘘で自白するはずがないという裁判官たちの強い思い込みによって、繰り返し再審の重い扉が閉ざされてきた。それに、奥西さんの場合は任意同行で自白して逮捕され、その直後に新聞記者たちを前に「申し訳ありませんでした」と頭を下げて自白した。これが多くの人々の有罪心証を支配してきた。しかし、そのときの奥西さんの状況がどういうものだったかといえば、妻もまた毒ぶどう酒を飲んで亡くなり、その葬儀の前後から連日取調べを受け、疲弊しきったなかで屈服して自白に落ち、直後に、自分を自白に追い込んだ取調官が両脇に同席する場で、記者に向けて謝罪のことばを求められたのである。奥西さんはそこで求められるままに謝罪した。しかし、それはハンスの「正解」と同じものでなかったか。そういう科学の目が、ここでも必要だったはずである。

4　「賢いハンス」状況から抜け出せない人たち

コミュニケーションとしての裁判

裁判も人どうしのコミュニケーションの場の一つである。当事者である原告と被告がそれぞれに主張するところを、裁判官が第三者として聞いて、どちらがより妥当であるかを判断し、判決を下す。裁判の世界では、ときにこれを勝負の比喩で捉えて、「勝った」とか「負けた」とか言うが、もちろんそれは単に力の強弱で決まる勝負ではなく、証拠と論理によって決まる勝負である。その意味でも、裁判過程はコミュニケーションだと言ってよい。そうだとすれば、裁判官が両当事者の言い分をよく聞いて適切な判断を示したときには、勝つにせよ負けるにせよ、当事者はそれなりに「納得」するはずのもの。そうであってこそ、有罪となって刑罰を受ける者も、自ら犯した罪を真摯に反省し、それが真の更生につながる。裁判のほんらいの姿はそういうものであろう。その意味で、逆に負けた側に「理不尽」の思いが残るようなら、裁判としては失敗だと見た方がよい。そして冤罪こそは、その失敗の極致である。

私自身、これまで冤罪の訴えのある事件にいくつもつきあって、この「理不尽」の苦い思いを幾度も味わってきた。平場の対等なコミュニケーションではおよそありえない横暴な判断が、裁判の場では、何食わぬ顔をして平然となされる。その権力性の恐ろしさ、そしてその愚かさを痛感することが少なくない。前節の最後に書いた名張毒ぶどう酒事件の第八次再審請求の棄却決定も、これをコミュニケーションの一つとしてみたとき、結論の如何はともかくとして、その経緯そのものが信じがたいほど恐ろしく、また愚かにみえる。

じっさい、そののち弁護団からこの棄却決定にいたる経緯を聞いて、あらためて驚いてしまった。マスコミ報道は、これについてほとんど触れていない。裁判で無罪判決が出るとか、再審開始決定が出るなどのお墨付きが与えられないかぎり、弁護側の冤罪主張を正面から取り上げようとしないのがマスコミのつね。困ったことに、マスコミは世の大勢には敏感だが、逆に少数者の意見や主張を取り上げることについては、まことに臆病なのである。

名古屋高裁の再審請求棄却決定の背後にあったもの

この棄却決定の経緯をあらためて追ってみる。弁護団がこの第八次再審請求を名古屋高裁に提出したのは昨年（二〇一三年）の一一月五日、そして今年に入って四月二二日に裁判所に対して証拠開示命令を出すように申し立て、四月二五日には検察官、裁判官を交えての第一回の三者協議が開かれ、この請求審をどのように進めていくかの話し合いが行われた。弁護団はそこで、事件で使われた農薬に関する再現実験の結果を、遅くとも六月上旬には提出すると予告した。新たな再審請求の手続きがそうして始まったところだった。

ところが、その始まったばかりのこの時点で、裁判官たちは何の前触れもなく、五月二八日に棄却決定を下したのである。理由は、前節にも書いたように、「第七次と同じ証拠での再審申立は認められない」という、まったくもって形式的なものであった。弁護側の主張が第七次再審請求を超える内容をもつものであるかどうかは、弁護側からの提出証拠を見なければ判断できないはずだし、弁護側が新たな証拠開示を求めているのであれば、それにも対応していくべきところ、その言い分にいっさい耳をかさず、「もう前に言ったのと同じことだから認めません」といって、ただただこの形式的な理由で請求を棄却したのである。

それればかりではない。裁判官たちはこの棄却決定を出す二日前、五月二六日に請求人の奥西さんに対して、わずか七分間の面接を行っていたという。再審請求に対する決定を下すためには請求人本人からの意見聴取をしなければならないことが、刑事訴訟規則で決められているためである。この面会で奥西さんは弁護団が提出する予定の新証拠も含めてきちんと審理してほしいことを、身振りで示したというのだが（何度も死線をさまよい何とか命をつないでいる奥西さんにはことばで思いを伝えることすら難しくなっていた）、裁判官たちはその二日後に、再審請求を棄却する決定を下した。この面会時点で、裁判官たちはすでに棄却の方針を決定していて、ただ形式的な手続きとして面会したことが明らかである。しかも、その決定文には、奥西さんの「加齢や健康状態の悪化の程度を踏まえ、判断を早期に示すことにした」と、まるでそれが奥西さんのためであるかのごとくに取り繕ったのである。

この段階で棄却決定をすることは、事実上、奥西さんが生きているうちに再審開始の見込みはないという、いわば死刑宣告にも等しい。裁判官たちはそのことを知って、それでも迷いなくこの決定を下したのだろうか。それだけの有罪確信をもちえていたということだろうか。しかし、決定を下した裁判官たちは、この事件を担当してまだ半年余りしか経っていない。このわずかな時間で、一九六一年から半世紀以上にわたって争われてきた「名張毒ぶどう酒事件」の全容を把握しえたとは、とても思われない。

この再審請求審の過程で、裁判官たちと奥西さん、そして弁護団とのあいだに、たしかにことばが交わされ、身振りが交わされ、外形的にはコミュニケーション的なことが行われた。しかし、このあまりに対等性の欠けたやりとりを「コミュニケーション」と呼んでいいのだろうか。そこにあるのは、コミュニケーションどころか、逆にとんでもないディスコミュニケーションであるように見える。にもかかわらず、裁判のうえでは、それがまるで正当なコミュニケーションであるかのごとき振り付けがほどこされて、その決定が奥西さんの運命を決める。裁判の世界には、そうした恐ろしく、そしてまことに愚かしいことが起こっている。

ハンスが「知らない」と告白しても

虚偽自白とは、簡単にいえば、取調官が無実の被疑者を犯人だと思い込んで厳しく追及するなかで、被疑者がそれに耐えられなくなって自白に落ち、自分が犯人だったならばどうしただろうかと自ら想像し、証拠を握った取調官の追及に合わせて「犯人を演じる」もの。そういうかたちで出来上がっていく。そういうものだと分かってしまえば、それを見抜くのはけっして難しくない。しかし、無実の人が重罪事件で簡単に自白するはずがないと思い込んでいる裁判官には、それが見抜けない。

この事件については、先に述べたように、第七次再審請求の段階で名古屋高裁が二〇〇五年に再審開始の決定を出した。しかし、検察側は例によってこれに異議を申し立て、同じく名古屋高裁の別の刑事部で異議審がはじまったその段階で、私自身、奥西さんの自白過程についての鑑定書を提出し、その自白には虚偽自白であることを示す徴候がいくつもあって、奥西さんは無実であるとしか言えないとの鑑定結果を示した。ところが、異議審を担当した裁判官たちは、二〇〇六年に先の再審開始決定を取り消すことになる。その決定文のなかで裁判官たちは、私が提出した鑑定書の理論と方法を、文言上はそれなりに評価しながらも、その一方で、奥西さんの自白は「まだ任意捜査の段階であり、完全な身柄拘束下にあった」ときに出たものであり、それに「当然極刑が予想される重大殺人事件であり、いくら、その場の苦痛から逃れたいと考えたとしても、そう易々と嘘の自白をするとは考えにくい」うえに、「自白した翌日の新聞記者らとの代表会見においても、自らが犯人である旨を迫真性をもって発言している」として、その自白の信用性を認めた。つまり、奥西さんが自白に落ちるその経過の外形的状況から、自白は信用できるものだと決めつけてしまった。

虚偽自白の怖さを知らない人が、裁判官のこの論理をみれば、なるほどと思ってしまうかもしれない。しかし、現実には、自白転落の経過が外形的にそのようなものであっても、その自白が虚偽でありうることは、先に見た足利事件の菅家さんのケースが如実に語っている。菅家さんは任意同行の一日目に、自白に落ち、翌日から犯行筋書を具体的に語り、公判になっても長くその自白を維持した。その点では奥西さんの場合よりもはるかに任意で、それゆえに信用性が高くみえる。しかし、その菅家さんの自白が虚偽であることは、いまやＤＮＡ鑑定という物的証拠でもって証明されている。

それだけではない。奥西さんの自白内容やその変遷過程に踏み込んでみれば、そこにはむしろ奥西さんを真犯人としたのでは説明できない点がいくつもあって、これを無視できない。そのことの指摘が私の鑑定書の中心的な論点であった。ところが、裁判官たちはこの問題についてなんら触れることなく、はなからその自白は信用できるとして、再審開始決定を取り消したのである。おそらく今回の第一八次再審請求にたいする棄却決定も、同様の心証のもとで行われたのだろう。

無実の被疑者は、自分のことを犯人と思い込んでいる取調官の前でいったん自白してしまえば、あとは取調官の追及に合わせて、「ほんとうは知らない」ことを、あたかも「知っているかのように答える」ほかない。それは賢いハンスの状況そのものであって、ハンスに数を計算する能力があると思い込んでしまった飼い主が、あれこれと訓練を重ね、複雑な問題も解けるかのように見える行動様式を、意図せずしてしつけ込み、そしてハンスの方では、飼い主の知っている正解を、まさにその飼い主の仕草そのもののなかに読み込んで、見事に言い当てる。じつのところ、飼い主は自分が正解を教えていることを知らずに、ハンスが自身で正解を出したと思い込んでいるし、周囲でこれを見た観客たちもまた、ハンスは計算ができると思い込んでしまう。そこに「賢いハンス」の謎があった。それと同様に、取調官もまた自分が正解を教えていることを知らずに、被疑者が自身で正解（つまり証拠と合致した自白）を出したものと思い込んで、そこに信用性を見てしまうし、それを引き継いだ裁判官たちもまた、奥西さんは自分で証拠と合致した自白をしたのだから、その自白はほんとうだと思い込んでしまう。虚偽自白の謎はそこにある。

いや、それにとどまらない。虚偽自白の場合は、その後、被告人となったその人が法廷で否認して、「ほんとうのところをいえば、自分は知らない」と告白する。それでも、被告人のことを犯人だと思い込んでしまった裁判官は、いくらなんでも死刑になるような事件で、無実の人が嘘で自白することなどないはずだという、一見素朴で、しかし間違いやすい信念に囚われたまま、自白の具体相に踏み込んでの精査もせずに、有罪心証のなかに安住してしまう。

ハンスの場合は、計算の能力などないことが、プフングストの巧妙な実験によって暴露され、いってみれば、ハンスは「自分は知らない」ことを告白した。そして、それがゆえに心理学では「賢いハンス」効果という注目すべき現象として歴史に名をとどめることになった。ただ、それでもハンスがあまりに見事に正解を言い当てる姿を直に見れば、やっぱりハンスは計算ができるのではないかという思い込みを拭えない人がいるのかもしれない。少なくとも名張毒ぶどう酒事件の再審を担当している裁判官たちの多くは、いまだにその同じ迷妄から抜けきれないでいる。

事件のことを知らない無実の人が、「おまえ以外に犯人はいない」という取調官たちの確信の壁にぶちあたって逃れられず、ついには諦めて自白に落ち、自ら「犯人になる」ことを選ぶとき、そこに「賢いハンス」の構図が生まれる。その構図において問題になるのは、単にハンス自身の能力ではなく、ハンスと飼い主、ハンスと観客の関係である。それと同じように、虚偽自白において問題になるのも、単に自白者の心理ではなく、自白者と取調官のあいだの奇妙に捻じれた関係であり、そこに醸成された「自白的関係」である。その構図を見抜くことができなければ、裁判官たちもまたその関係の罠から抜け出すことはできない。

注

（1）　東住吉事件については、この稿の執筆後、二〇一六年に再審無罪となったが、これについても火災原因の再現実験によって無罪を勝ち得たものであり、自白の供述分析が功を奏したものとは言えない（二六一頁以降参照）。

第Ⅲ部　虚偽自白の罠を解く

第5章　虚偽自白の根にある対話

1　冤罪の争いはことばの争い

物証と人証

冤罪主張の事件につきあってきて、つくづく思うのは、詰まるところ、それが「ことばの争い」だということである。もちろん、刑事裁判においてもっとも重視されなければならないのは物的証拠である。現に被告人の有罪を証明しようとする検察官は、かくかくの物的証拠があるから被告人は犯人に間違いないと主張する。それは当然である。しかし、そのうえで注意しておかなければならないのは、物的証拠が重要なのは、あくまでそれが「有罪証拠」であるかぎりにおいてだということである。それが決定的であれば、有罪は動かないし、冤罪の余地はない。

当たり前のことをこんなふうに言うと変に聞こえるかもしれないが、じつは、ここに落とし穴がある。逆に被告人が無実で、冤罪を争われている場合を考えれば分かるように、無実であるかぎり、そこに物的証拠があるはずはない。にもかかわらず、検察側から有罪を示すものとして物的証拠が提出される。とすれば、それはほんものの物的証拠であるはずはない。そこで、それがほんものの物的証拠になるのかどうかが問題となり、それが争われる。

名張毒ぶどう酒事件の場合であれば、亡くなった人たちが飲んだぶどう酒に混入されていた農薬が、犯人とされた奥西さんの持っていた農薬と一致するのかどうかが、現在の再審請求における焦点となっている。それが問題となって争われ、弁護側はそのあいだに微細だが決定的な違いがあるとの科学鑑定を提出して、これを受け入れた裁判所が二〇〇五年にいったん再審開始を決定した。ところが、検察側がこれに異議を申し立て、弁護側鑑定を否定する科学鑑定を提出したところ、裁判所はそれを認めて、開いたはずの再審の扉を、二〇〇六年に再び閉じてしまった。そして、その後もこの論点をめぐって議論が交わされているが、結局、その扉は閉じられたまま、開く気配はない。それが現段階の状況である。

物的証拠が問題ならば、それは客観科学の問題で、白黒をつけるのは簡単なはずだと思われやすい。ところが「物（ブツ）」はものを言わない。「物」そのものだけが問題ならば客観的な判定は容易だが、その「物」がどこからどのように採取されたのか、対照資料がどこからどのように持ち込まれたものか、その鑑定はどのような手続きでなされたのか……などということが争われるようになると、そこでは「物」そのものではなく、それをめぐる「脈絡」が問題になる。科学実験ならばその「脈絡」を実験的にコントロールして客観性を保つこともできるが、事件をめぐって何十年もの歴史の過程を経て積み上げられてきた「物」やその鑑定となると、その「脈略」を完全にコントロールして再実験することが難しい。そして、その歴史的な「脈絡」を語るのは、やはりことばなのである。

名張毒ぶどう酒事件で用いられた毒物がテップ剤という有機リン系の製剤だということは間違いない。ところが、このテップ剤を作っている製薬会社はいくつかあって、その製造方法がそれぞれ違っているために、混じり込む不純物に違いがある。ところが、事件直後に行われた鑑定では、その製品ごとの違いを把握することなく、ニッカリンＴという製品だったという前提で分析が進められていた。そして、奥西さんが茶畑用に買っていたのがそのニッカリンＴだった。ところが、再審請求の段階で、事件に用いられたテップ剤がニッカリンＴではない疑いが出てきたのである。そこで弁護団は、いまはもう売られていないニッカリンＴを探し当て、それを用いて対照鑑定を行い、その可能性がきわめて高いことを立証したのである。鑑定に間違いがなければ、奥西さんはそもそもこの事件を起こした農薬を所持していなかったことになって、犯人ではありえないことになる。現にこの鑑定結果を受けて、いったんは再審開始の決定が出された。

ところが、検察側からは、事件当時の鑑定はもう五〇年も前のことで、弁護側がいまになって探し当てて入手したニッカリンＴは奥西さんの持っていたものと同じではなかった可能性があるとか、あるいは、現場遺留の毒物を事件直後に当時の科学的手続きで鑑定した結果が基本データとなるのだが、それと対照するために行われた今回の弁護団の再鑑定が、当時の手続きをどこまで再現しえたかに疑問がある……などと言い出されてしまう。そうなると、簡単に決着はつかない。

こうして「物」そのものの問題以前のところで、その「物」をめぐる「脈絡」があれこれとことばで語られ、それにつれて「物」をめぐる「事」のありようがどんどんと曖昧にされていく。確定判決以前の原審の段階にこの鑑定結果が出ていれば、それだけで物的証拠の持つ証明力は大きく減殺されたはずだが、再審事件となると、簡単に先の確定判決が覆ることはない。足利事件のように、再審請求人だった菅家さんの有罪を決定づけていたDNA鑑定が間違っていたというようなことであれば、その「物」の脈絡はいっさい関係なく、それだけで無実性が証明されるのだが、名張毒ぶどう酒事件の場合は、逆にそうした決定的な「物」が存在しないがために、反証もまた難しいのである。

証拠が脆弱な事件ほど冤罪は晴らしにくい

冤罪主張の事件に数多くかかわってきた弁護士たちのあいだでは、じつは証拠が脆弱な事件ほど冤罪を晴らすのが難しいと言われる。足利事件のDNA鑑定のように、もし被害者の衣服についていた体液と犯人とされた被疑者の体液がDNA型で一致するということだったとすれば、その鑑定が正しいかぎり、その被疑者の有罪は動かない。そんなふうに「物」について決定的証拠がある場合、逆にそれがつぶれれば、それだけで事件の全体がつぶれる。そういう構図になっている。現に菅家さんの冤罪が晴らされたのはそのようにしてである。もっとも、裁判所にこのDNAの再鑑定をさせること自体に十数年を要した事実を思えば、わが国の裁判ではこれさえも容易ではないのだが、それでもこうした決定的証拠があるかぎりは、その証拠を決定的につぶすことで冤罪が晴れる。

ところが、決定的な証拠がなく、いくつかの曖昧な証拠が積み上げられて、全体で合わせて有罪の心証がとられているような場合、一つをつぶせば他の一つが持ち上げられ、その一つをつぶせばまた他の一つが持ち上げられるというふうに、まるでもぐら叩きのような状態に陥る。名張毒ぶどう酒事件の再審請求でも、一時はぶどう酒の王冠についた歯型が問題になって、鑑定の応酬がなされた時期がある。奥西さんの自白によれば、農薬を混入させる際に、ぶどう酒の入った一升瓶の栓を自分の歯で開けたことになっていて、現場から押収された栓についた傷から、それが奥西さんの歯型に合致するとして、その鑑定を検察側は提出していたのである。しかし、瓶の栓についた傷から、それが人間の歯で付けた傷痕であり、しかもそれが奥西さんの歯型と合致するというようなことが、はたして科学的に証明できるものであろうか。最終的には、それは無理だという結論になるのだが、それまでの間、検察側と弁護側のあいだで激しい応酬が交わされ、検察側からは歯型による人物の特定が可能だとして、これを奥西さんの歯型だと断定する鑑定がいくつも提出されてきた。権力におもねる御用学者は、どの世界にもいるものである。

そして、結局、歯型による人物特定は無理だとなったうえで、それで再審請求が認められたかと言えば、そうはならなかった。なぜなら、瓶の栓に付いた傷痕は物的証拠の一つにすぎず、それがつぶれても、なお自白はあり、また他に曖昧な物的証拠がいくつも積み上げられているからである。現に、歯型問題の後に、今度は農薬が焦点として争われ、ここでもまたその鑑定論争がふたたび暗礁に乗り上げている。

決定的証拠がないままに有罪判決が下されてしまえば、そのぶん反証も難しいというのは、冤罪を訴える裁判における、まさに逆説である。そして「物」が曖昧であればあるほど、その「物」と「人」とをつなぐために膨大な量のことばが紡がれていく。名張毒ぶどう酒事件の再審でも、王冠の歯型問題が論じられ、農薬問題が論じられるのは、一見「物の争い」であるかのように見えながら、その内実はたぶんに「ことばの争い」でしかない。しかも、そこでいくらことばを尽くして議論を闘わせても、結局のところ、もぐら叩きにしかならず、再審の門は閉じられたままに終わる。しかし、それではあまりに空しい。

ことばの争いは争いとして成り立つのか

こうした空しい議論を傍目で見ながら、そこでネックになっているのは、やはり自白であるという現実を、あらためて確認しておかなければならない。刑事訴訟法には「自白が自己に不利益な唯一の証拠である場合には、有罪とされない」と明記されていて、自白だけで人を有罪とすることはできないことになっている。しかし、この法の規定も、じつのところ、形式的なものにすぎず、実質的な意味は乏しい。というのも、現実問題として自白だけが証拠としてポンと出されるような事件は、まずありえないからである。自白は現実の捜査のなかで、取調官が手持ちの証拠を突きつけながら聴取するもので、被疑者が自白に落ちてしまえば、その自白のなかにはかならずなんらかの「物」が語られる。そして、その「物」は捜査側が客観的に把握している何かなのである。

名張毒ぶどう酒事件でも、栓の歯型や農薬の問題は、まさに奥西さんの自白とセットになって登場し、それらの「物」と自白とはたがいに支え合うという構図になっている。そして、この「物」を一つひとつつぶしても、もぐら叩きにしかならないのは、じつを言えば、「物」が自白を支えるかたちをとりながら、結局は、逆に自白の方が、扇の要のようなかたちで「物」を支えているからにほかならない。

もし被疑者、被告人あるいは請求人が無実ならば、ほんとうの意味での物的証拠などあるはずがなく、検察官によって法廷に物的証拠として提出されたものは、ただ物的証拠らしく「見せかけられている」にすぎない。そして、その見せかけをつくっているのがことばであり、そのことばの渦を成り立たせているのが、多くの場合、自白なのである。

名張毒ぶどう酒事件でも、二〇〇五年に出された再審開始の決定が二〇〇六年に取り消されたとき、そこでその確定判決を維持する方向で裁判官の心証を支えたのは、やはり奥西さんの自白だった。じつを言えば、この開始決定を取り消したK裁判長は、これまで多くの刑事事件について無罪判決を下してきた人物で、刑事裁判の世界では「彼ならば」と期待されてきた人でもあった。その彼が再審開始を取り消す決定を下したこと自体が、弁護団にとっては衝撃であったし、冤罪の争いの渦中にいる多くの人にとってもまたショックであった。何の罪もない五人の女性が農薬で殺されるという重大事件で、有罪になれば死刑になることが見え見えの状況にあって、それを自分がやったと認める。そうした自白状況からして、それが虚偽の自白であるとは信じられないというのが、裁判官たちの本音だったのであろう。

しかし、冤罪における虚偽自白は、そうした日常の心情世界を超えたところにある。それをいかに見抜くことができるかが、この世界での私の仕事なのである。

2　自白が無実を明かす

無実証拠となる自白

刑事裁判で自白が証拠として提示されたときには、その自白が真に犯人の自白なのか、それとも無実の人の虚偽の自白なのかを判別しなければならない。そのための確実な方法が求められる。そこで、ここからしばらく、その課題を念頭に供述分析の話を進めていくことになる。そのためにまず「虚偽自白を見抜く」ということが、裁判のなかではどのような意味をもつのかを、少し理屈っぽくなるが、あらためて論じておきたい。というのも、この点について私自身が心理学の視点から考えてきたことと、これまでの刑事裁判の実務で常識とされてきたこととのあいだに、大きな懸隔があるからである。

刑事裁判の実務においては、自白といえば、その任意性と信用性が問題になる。つまり、自白が被疑者・被告人の意志をくじくことなく任意になされたものかどうかを検討し、次いで自白が被疑者・被告人の体験記憶を正しく語ったものとして信用できるかどうかを判断する。たとえば自白過程に拷問や強制、脅迫などが認められれば、任意性がないものとして「証拠能力なし」（つまり証拠にできない）とされ、さらに任意性は認められても、自白内容に問題があって信用できないとなれば、信用性がなく「証明力に欠ける」として、証拠から排除される。このように自白については、任意性と信用性の観点から裁判でこれを証拠としてよいかどうかを検討し、証拠にしてよいとなれば、それは有罪証拠となり、一方、証拠にできないとなれば、ただ証拠から排除される。刑事裁判で「虚偽自白を見抜く」といえば、このことを意味する。これが刑事裁判の実務における常識である。

それに対して私は、自白について、それが有罪証拠として使われることがあるのは当然として、その一方で無実証拠にもなりうると主張してきた。これに対して裁判官たちは「鑑定人の独自の見解である」とか「明らかに論理の飛躍である」などと批判する。たしかに、いまの裁判官たちの目からすれば、この私の言い分は一見常識に反する言い方に聞こえるのだろう。しかし、私は大まじめにそう語ってきた。

無実証拠というのは、もちろん、それ自体が被疑者・被告人の無実を証し立てる証拠という意味である。たとえば犯行時間帯について被疑者・被告人にアリバイが成り立てば、もはや犯人ではありえないことを示す無実証拠となる。あるいは目撃者が被疑者・被告人について犯人とは明らかに違うと断定できれば、その目撃供述も無実証拠になる。また、物証についても、犯人の血液型が被疑者・被告人のそれと違えば、それは無実を示すことになるし、さらにＤＮＡ鑑定となると、犯人が残した資料と被疑者・被告人のＤＮＡ型が合致すれば、強力な有罪証拠となる一方で、合致しなければ、足利事件でのように、そのＤＮＡ資料の採取された物証が犯人由来のものであることが確実であるかぎり、それは決定的な無実証拠となる。アメリカでいま取り組まれているイノセンス・プロジェクト（非営利活動機関）の報告によれば、ＤＮＡ鑑定によって冤罪を晴らした人たちが現在二四二人に及んでいるという(1)。

それと同じ意味で、自白もまた、その内容から無実の人（つまり犯行を体験していない人）が証拠を突きつけられながら想像で語ったものでしかない特徴を見出すことができれば、「自白」という表向きとは裏腹に、それが無実の証拠になりうる。私がこれまでやってきた自白の供述分析は、この考えに立って、単にそれが信用できるか信用できないかではなく、自白を含む供述全体を一つの分析データとして扱い、問題の自白が真犯人の自白である可能性（有罪仮説）と無実の人の自白である可能性（無実仮説）の二つを対照させて、そのどちらの仮説がその供述データ全体をよりよく説明するかという観点から、これを分析してきた。そして、無実仮説の方が有罪仮説よりもはるかに被疑者・被告人の供述データを説明できることが、心理学的に論拠をもって明らかにできれば、それ自体が無実証拠となる。

そうなれば、自白はアリバイ証拠やＤＮＡ鑑定と同列の無実証拠になりうる。私は、まじめにそう考えている。

刑事裁判における片面的仮説検証

自白について有罪仮説と無実仮説とを対照させて検証するという方法は、非常に素朴なものだが、一般の刑事裁判の実務においては、これがなかなか受け入れられない。その理由の一つは、これまでにも繰り返し指摘してきたように、虚偽自白がどのようなものであるかについての認識が十分でないという点にあるのだが、もう一つ、それとは別の理由がある。それは刑事裁判における立証の構図にかかわる問題である。

刑事裁判においては、被告人の有罪を立証することが検察官の側に求められる。そしてその有罪立証が尽くされて、そこに「合理的な疑い」を入れる余地がないかどうかが審理され、その余地がないと判断されたときにはじめて有罪判決が下される。つまり、そこで問題になるのは、あくまで検察側が立てた有罪仮説が十分に立証されたかどうかである。弁護側は、その有罪立証に対して「合理的な疑い」を提示し、それが裁判所に認められれば無罪を勝ち取れることになるし、それで事は足りる。言い換えれば、弁護側に無実の立証が求められることはない。

刑事裁判で行われるのは、このように検察側の有罪仮説が成り立つかどうかの片面的な仮説検証である。刑事裁判の実務において、こうした片面的な立証の構図がとられるのは、それとして理由がある。じっさい、捜査権を持っているのは警察と検察であって、その検察側が有罪立証の責任を負うのは当然で、もし捜査権を持たない被告・弁護側が無実立証の責任を負い、無実を立証できなければ無罪にならないということにでもなれば、被告・弁護側は圧倒的に不利になって、防げるはずの冤罪も防げない。その意味で、検察側の有罪仮説の立証の可否のみを問う片面的な立証の構図は、刑事裁判においては、当然の理である。

自白についても、ほんらいならば、この片面的な立証の構図の下で、弁護側がそこに「合理的な疑い」を提示し、裁判所がこれを的確に判断できれば、虚偽の自白は証拠から排除されて、無罪で決着するはず。そうして冤罪が晴らされれば、それで法の理念は全うされる。ところが、残念ながら、わが国の裁判所は一般に、自白の任意性についても信用性についても判断基準が非常に甘く、弁護側がこの点に多少の「合理的な疑い」を提示しても、簡単にはこれを認めない。その結果として冤罪になってしまう事件が、じつのところ多数に及ぶ。なかには、日野町事件のように、自白内容の信用性に疑いを投げかけながら、しかし自白したという事実そのものを重く見て、有罪判決を下したような例もある。有罪仮説を片面的検証の対象としたうえで、その検証姿勢が甘ければ、おのずと無実の可能性を見逃してしまうのである。その意味で、自白について無実仮説を立てて、無実の人が自白に落ち、虚偽の物語を自ら語った可能性を積極的に検証することもまた必要となる。

裁判官たちは知らない

これまで繰り返し見てきたように、人は弱いもので、孤立無援の状況下で、取調官から犯人と決めつけられ、長時間責め立てられれば、拷問などの暴力的な取調べがなくとも、容易に虚偽の自白に落ちて、自ら「犯人に扮して」犯行筋書を語ってしまう。無実の人が虚偽の自白をする例はけっして例外的ではないし、その危険性は誰にでもある。だからこそ、有罪仮説に対して無実仮説を対置して、どちらの仮説が妥当かを判別するという検証の枠組を意識的にとることが重要となる。

有罪仮説と無実仮説を対照させ、かつ虚偽自白の心理過程を正確に知ってさえいれば、取調官はその取調べの段階ですでに、被疑者が自分の真の体験を語っているのか、それともただ追及に合わせて虚偽のことを想像で語っているのかを容易にチェックできるはずだし、現場検証の場でも、被疑者がほんとうに自らの体験を再現しているのか、それとも取調官たちの顔色を見ながら、犯人を演じているのかをチェックできるはずである。しかし、はなから被疑者を真犯人と思い込んでしまえば、そうしたチェックをしようとせず、ひたすら自分たちの握っている証拠に合致する方向で自白を完成させることに固執して、そこに疑いを入れることがない。

また、そうして仕上がった自白が法廷に提出されて、それを見た裁判官が、無実の人が虚偽の自白をするなど、滅多にない例外的なことだと思い込み、しかも当の自白は「客観的証拠と大筋において合致している」としてその信用性を追認してしまえば、虚偽の自白は見抜かれないまま、事は終わる。虚偽自白はこうした誤認の連鎖の下に生まれ、完結する。

虚偽自白の心理過程がどういうものであるかを知っていれば、それを見抜くのは難しくない。しかし、虚偽自白の実際を知らず、その可能性を念頭に置かない裁判官は、それを簡単に見逃してしまう。あるいは、弁護側から自白に変遷・変動・矛盾・欠落など重大な疑問があると指摘されても、「真犯人でも自分に不都合なところを隠したり、忘れたり、間違ったりすることがある」とか、「捜査が不徹底でそれを正すことができなかったためにこうなった」などと言い繕って、虚偽自白の危険を見過してしまう。かくして虚偽自白が虚偽と暴かれることなく、虚偽を含んだ自白が立派に真正の証拠として法廷でまかり通る。その過程で裁判官は、ひどいことをやっているという自覚はないし、もちろん悪気はない。しかし、たとえそうだとしても、これを許すことはできない。

先に袴田事件の自白で見たように（九〇頁）、被疑者である袴田さんが四人の殺害と放火を自分の犯行だと全面的に認め、自白したのち語った犯行筋書が、文字通り日替わりで大きく二転三転している実際を見たとき、そこに袴田さんを有罪とする有罪仮説と無実とする無実仮説を対置して検討すれば、おのずと後者の可能性が浮かび上がってくる。また、その視点からの分析を進めれば、無実の人が想像で語ったものでしかない痕跡がいくつも見出されてくる。そうして見れば、それは立派に「無実の証拠」なのである。ところが、裁判官たちの事実認定にはこうした視点からの分析がまったく見られない。それは刑事裁判における片面的な立証構造が裏目に出た結果である。被告・弁護側に無実の立証を求めないという意味では、この片面的な立証構造が法の上で当然の手続きなのだが、その手続きが実務のなかで安易に適用されたとき、逆にそれはきわめて危険なものになる。そのことを多くの裁判官たちが知らない。

袴田事件に対してDNA鑑定でいったん再審開始決定が出されながら、なお検察の異議によってその再審開始が先延ばしにされてしまうような現実があるのは、いまの刑事裁判の実務が、無実の証拠となりうるその自白過程に対して、それを的確に解析するだけの認定枠組をもちえていないからにほかならない。

3　嘘を生み出すことばの世界

人はことばの世界の渦を生きる

供述分析は、ことばで語られた供述データを分析資料として、その供述が供述者の体験の記憶に起源をもつのか、それとも嘘や想像など、体験の記憶以外の別の起源によるのかを、仮説検証のかたちで判別しようとする。端的に言えば「ことばの真偽判断」なのだが、それを合理的な道筋に沿って論じようとするならば、迂遠なようだが、そもそも「ことばとはどのようなものか」を考えておかなければならない。

ことばは、もともと人々が体験する現実を語るものだが、人がことばを身につけ、これを使って日常的に語りはじめると、当の現実が目の前にないところでも、ことばを用いてまるで「それがあるかのように」語るようになる。たとえば猫のいないところで「ねこ」のことを話し、母親がいないところで「ママ」のことを語り、やがては「ママの可愛がっていた猫」のことを人に伝えたりする。あるいは実際の母親は猫が大嫌いだったとしても、その母親のことを知らない人に対して「ママの可愛がっていた猫がね、……」と、まったく偽りの話を教え込むこともできるし、さらに言えば、現実に体験した猫に似せて、架空の「化け猫」を描いて、その物語を語り出すこともできる。このように目の前の現実を越えた世界を描き出すことばの働きは、広い生物界のなかでみても他に類のない、まったくもって不可思議なもので、これが人間の世界と他の生き物の世界とを区別する最大の特異点だと言ってよい。

人はこのことばの力によってこそ、手持ちの感覚器官によって捉えられる世界を越えて、圧倒的な広がりをもつ世界を獲得し、そこに自分たちの来歴を語る歴史の物語を伝承し、そこから想像を膨らませて架空の世界を描き出してきた。さらには直接的に体験できるこの世界の現象を、一貫した整合的な説明体系に組み込む科学世界を創り出してきたのも、このことばの力によってのことである。

また、人の発達の流れのなかでみれば、赤ちゃんはこの世に生まれ出たその瞬間から、ことばのシャワーにさらされ、やがて自らもその力を得ると、ことばをシャワーのように周囲に向けて撒き散らす。人間という生き物は、おとなも子どもも、まことにおしゃべりで、誰かと出会っては、のべつまくなくことばを繰り出し、相手からのことばに応えて、たがいにことばの渦巻きを立ち上げ、そこに共同の世界を膨らませてきた。考えてみれば、人間ほどしじゅう声を出している生き物は、ほかに類がない。それればかりか、口を閉じ、声を発することがなくとも、頭のなかではいつもことばの渦が巡り巡っている。

ことばに嘘はつきもの

ことばによるコミュニケーションには、そのことばの本性からして、嘘がつきものである。実際に体験したことであっても、ことばにしたとたんに、どこか元の現実とは食い違ってしまう。それればかりか、相手とのやりとり次第で、適当にことばを変え、脈絡を変えて、現実にはなかった話を現実の話であるかのように仕立てることもできる。それによってどれが現実でどれが現実でないかも定かでなくなることすらある。ヴィトゲンシュタインの言う「言語ゲーム」論なども、人間のおしゃべりの世界におけるこの恣意性や多様性に根をもつと言ってよい。そしてそうした議論の延長上で、昨今は社会構成主義の考え方が打ち出されて、世の中に絶対的な真実などというものはなく、「真実」と言われているものも、人どうしのコミュニケーションによって社会的に構成されてきたものだとする議論が展開されている。

この社会構成主義の議論は面白いもので、発達論との絡みでも重要な論点を含んでいるのだが、ただそのうえで、やはり「現実」はあるということを否定すべきではないと、私は考えている。じっさい、同じ「現実」を共有したはずの人どうしのあいだで、それぞれにその受けとめ方は異なっても、そこに「別の現実」が構築されるわけではなく、やはり共通の一つの現実が「真実」としてある。いや、少なくともその「真実」があるという前提で、たがいがおしゃべりを楽しみ、あるいは「何がほんとうだったか」を争う。そうでなければ「嘘」という概念自体が無意味になるし、言語ゲーム自体がゲームとして成り立たない。現に冤罪の争いはあって、それがときに言語ゲームの様相を呈することがあるにしても、そこではやはり素朴に「真実の解明」が目指されるし、そのことは決して否定すべきことではない。ただ、ここで社会構成主義的に興味深いのは、それが対等な言語ゲームではないということである。

周防正行監督の映画『それでもボクはやってない』の最後に、主人公の徹平君が有罪判決を受け、裁判官の判決読み上げを聞く場面がある。そこで徹平君はこう独白する。「僕は、心のどこかで、裁判官なら分かってくれると信じていた。どれだけ裁判が厳しいものだと自分に言い聞かせても、本当にやってないのだから、有罪になるはずがない。そう思っていた。真実は神のみぞ知る、と言った裁判官がいるそうだが、それは違う。少なくとも僕は、自分が犯人ではないという真実を知っている。ならば、この裁判で、本当に裁くことができる人間は僕しかいない。少なくとも僕は、裁判官を裁くことができる。あなたは間違いを犯した。僕は絶対に無実なのだから」。

かくして徹平君は、裁判によって有罪判決が下され、有罪だということになった。もし彼がここで控訴しなければ、この「有罪」が確定して、社会的にはそれで決着する。恐ろしいことに、そうした現実が実際に起こる。たとえば二〇〇二年に富山県氷見市で起こった強姦・強姦未遂事件では、第一審で被告となった柳原浩さんに有罪判決が下され、柳原さんは諦めてしまって控訴せず、懲役三年の実刑に服した。ところが、その出所後に真犯人が登場して、柳原さんは結果として再審で無罪になった。この事件で、もし真犯人が見つかるという幸運がなければ、柳原さんの有罪はまさに社会的に構成されて、そこで完結したはずである。ここで柳原さん自身は、まさに徹平君と同様に、「少なくとも僕は、自分が犯人ではないという真実を知っていた」し、それゆえ「少なくとも僕は、裁判官を裁くことができる」立場にいた。ただ、そのことを彼以外の誰も知らない。そういう現実が構成されていたのである。社会構成主義が意味をもつのは、この現実を認めたうえでのことである。

人間はことばを使っておしゃべりをする。しかし、その「おしゃべり」の世界を作り上げているのは、対等な力をもつ者どうしの平らなコミュニケーションばかりではない。というか、そうした平らなコミュニケーションの方が、むしろコミュニケーションとしては珍しいと言った方がよい。そもそもことばを身につけていく過程そのものからして、ことば以前の無力な「赤ちゃん」とことばを身に染み込ませた「おとな」という圧倒的な落差のなかでなされるものだし、ことばを身につけた後も、それを交わす者どうしのあいだには、多くの場合、力の落差があり、経験の落差があって、たがいの都合不都合がしばしば食い違う。そうした利害や強弱の関係を抜きに、ことばをまっ平らな関係で交わす場面の方が、むしろ例外に属する。

私たちは通常、ことばでもって自分の思いを語り、体験を語って、相手との心のコミュニケーションをはかっているかのように言う。そして、そうして自らの真実を語ることにこそ、ことばの役割があるかのように思ったりする。それゆえ「嘘をついてはいけない」と子どもに諭し、「嘘つきは泥棒のはじまり」とまで言う。しかし、じつのところ、平らなところでなされるとは限らないコミュニケーションの世界において、ことばに嘘はつきもので、嘘という人間の現象は、私たちが一般に考えるよりもはるかに頻繁に、また広範に起こっている。

嘘の動機論、状況論

このことを確認したうえで、ここで考えておかなければならないのは、嘘の動機論、あるいは嘘の状況論にかかわる問題である。たとえば、嘘は自分の利益をはかり、自分の立場を守るためのものなのだから、自分の不利になるような嘘、あるいは自分の立場を脅かすような嘘は、ほんらい嘘の定義そのものに反するもので、ふつうはありえないと思われている。虚偽自白の嘘がなかなか見抜けないのは、この嘘の動機論が根深く人々の心の理論に浸透しているからである。嘘で自白をして自分の罪だと認めてしまえば、重い刑罰を科されてしまう。場合によっては死刑さえも覚悟しなければならない。そうした圧倒的不利を覚悟しなければならないところで、人が嘘をつくはずがないと考えられている。この常識的な嘘の動機論のゆえに虚偽自白は世間の人々からなかなか理解されない。

問題はそのように外から見た動機論ではなく、現実に取調べで虚偽自白に落ちてしまう人たちの置かれている状況にある。その状況を当人の立場に立って見ることさえできれば、その謎は氷解するのだが、多くの人は、裁判官も含めてこのことを知らない。この点については、先の第３章第２節で論じている（七五頁）。

あるいは、電車内の痴漢事件などでは、被害女性が電車に乗り合わせた見ず知らずの男性を摘発して、被害を訴えることになるのだが、その被害供述にしばしば虚偽としか思えない内容が含まれることがある。しかし、これが裁判に持ち込まれたとき、裁判官たちは「若い女性が見ず知らずの男性を陥れるような嘘をつく動機がない」として、被害供述の信用性を認める。ここでもまた供述の信用性を考えるときに、その動機論が問題となる。たしかに、被害女性がその被害事実そのものを嘘ででっち上げて無実の男性を陥れるケースはめったにないが、実際に誰から痴漢被害を受けて、しかし間違った相手を摘発してしまうことは十分にありうる。ただ、女性が男性を摘発して警察に突き出すときは、自分が真犯人を捕まえたと思い込んでいる。迷いなくそう思い込んでいなければ、相手を突き出すこと自体が難しい。ところが、突き出した相手が否認すると、確認のために繰り返し警察に呼ばれる。そうして警察に行ってみれば、相手の男性はまだ留置場につながれていると聞く。それに数ヵ月後、裁判が始まってもまだ拘置所に拘留されていることがある。その段階で、被害女性はひょっとして自分が真犯人を間違えたかもしれないと思えるかどうか。そう思うことは、摘発した当の女性として非常に苦しい。なにしろ自分の摘発によって相手は捕まっているのである。もし自分の摘発が間違いだとすれば自分は相手にとんでもないことをしたことになる。そこで、意図的ではないにせよ、もともとの被害供述に真実らしい粉飾をしてしまうようなことも起こる。自分は間違っていないということを強調するための嘘が、そこに入り込んでしまいかねない状況が生まれる。

こうした供述の状況を合わせて見ておかなければ、被害女性に嘘をつく動機がないというだけで、その信用性を認めることはできない。人は供述の信用性をとかく嘘の動機の有無で考えてしまう。しかし、そこにしばしば判断の間違いが生まれる。

4　嘘はその場の状況の産物

一般論の危うさ

被疑者の自白について、「人は自分を不利な状況に追いやるような嘘をつくはずがない」、したがって「自分にとって不利なことを認める供述をしたとすれば、それは真実である」という一般論がある。これが自白の真偽判断でしばしば大きな説得力をもつのだが、しかし、ときに間違いのもとにもなる。あるいは被害者の供述について、「見ず知らずの無縁の人を、あえて罪に陥れるような嘘をつくはずがない」という一般論もあって、それによってその供述の信用性を認め、結論を間違うことがある。一般論はもちろん無視できないが、一方でときに危険でもある。一般論というのは、往々にして個別の具体的な状況を看過してしまうからである。

供述をその動機の観点から見るとき、大事なのは、当の状況を離れて、その外から客観的に見える動機ではなく、供述者の置かれた状況の内側から見た、むしろ主観的な「渦中の動機」である。実際のところ、死刑に値するような大事件で、無実の人が嘘で自白するはずがないという裁判官の判断が、いまでも多くの再審請求事件でその門を固く閉ざす原因になっているが、それは、取調べの渦中にいる人たちの味わう具体的な現実を、裁判官たちがよく知らないからであり、その渦中への想像力を十分にもちえていないからにほかならない。

もちろん、嘘は自分を有利な状況に導くためにつくものだという一般論は、それ自体として間違っているわけではない。ただ、その当人にとっての有利・不利は、その置かれた状況次第で大きく反転する。無実の人が嘘で自白するとき、その状況の渦中では、まさに嘘で自白することの方が楽で、否認を堅持することの方が心理的に厳しい。それゆえ、供述の真偽判断においてもっとも肝心なことは、その状況を当人の「渦中の視点」からどこまで正確に思い描くことができるかである。嘘の動機の有無でもって供述の信用性を判断しようとする「嘘の動機論」は、問題の供述がどのような状況のなかでなされているかという「嘘の状況論」とセットではじめて意味をもちうる。「一見当人に不利に見えること」を自ら認めるとき、だからこそそれは真実だと即断する前に、その状況が当人にとってどのようなものであったかを、その渦中の視点から見ておかなければならない。

対決を避けるための嘘

これは、別に刑事裁判のようなシビアな場面に限った話ではない。よく見れば、ごく身近な日常的な場面にも、ときに同じようなことが起こる。岡本夏木先生は、『小学生になる前後』（岩波書店）のなかで、自分の子ども時代を振り返って、小学校二年生のときに、自分でもよく分からない奇妙な嘘をついた記憶を書き残している。

夏休み前のある日、運動場で仲のいい友だちと二人で、取っ組み合い、じゃれ合って遊んでいたとき、その友だちが逃れて数歩走ったところでつんのめって転び、大声で泣き出した。泣き声を聞きつけて、遠くにいた先生が駆け寄り、友だちを抱き上げ、職員室の方に連れて行ったのだが、後から聞いてみると、脚の骨を折って病院に運ばれたという。友だちが骨折したその場には二人しかいなくて、ほかに誰もその場面を見ているものはいなかった。それで岡本少年は教頭先生から事情を聞かれ、現場で何が起こったかの現場検証のようなことが行われた。そのとき岡本少年には、どうして友だちが転んだのかが分からなかった。友だちが倒れたのは自分から数歩も離れたところで、岡本少年からすれば手も足も届かない。ところが、岡本少年は教頭先生から説明を求められて、逃げようとする友だちの「足を手で引っ張った」ために転んだのだと、自分から嘘を言ってしまったのである。そのとき岡本少年は、教頭先生から厳しく詰問されたわけでもないし、自分の記憶が曖昧だったわけでもない。自分が引っ張ったんじゃないことが自分ではっきり分かっていながら嘘をついたのである。そして、事情聴取から解放されて一人で下校するとき、岡本少年は自分のなかで「ぼく、ひっぱってない、ひっぱってない」と繰り返していたという。

この奇妙な嘘は、その後も岡本少年の記憶に傷を残して、しばしばその嘘を想い起こすことがあった。いったい七歳の岡本少年はどうしてこんな嘘をついてしまったのか。その後、岡本少年がおとなになってから行き着いた答えは、「先生から「どうして」と尋ねられたときは、できるだけつじつまの合った、先生も納得してくれるような理由を探して答えねばならないと思っていたのではないか」というものであった。たしかに、正直に言ってしまうと、かえって不審に思われそうな状況では、むしろ逆らわず、嘘をついてでも周囲の納得を得る方がずっと楽なのだ。そういう嘘が実際にある。

私が大学に勤めていたとき、ゼミの学生から、小学校でのフィールド観察の場で、一年生の子どもが同様の嘘をついてしまう現場を見たという話を聞いたことがある。A君はちょっと多動な子で、授業中もしょっちゅう余計なことをしては先生に注意されていたのだが、一二月のある日、来年のカレンダーを作るという授業でのこと。教室でみんながそれぞれの作業を、それぞれの場でやっていて、必要があれば用具を取りに行ったり、友だちどうしで相談したりと、教室内を自由に行き来し、先生もあちこち移動しながら、子どもたちの製作の様子を巡視していた。しばらくして製作に必要な用紙が足りないということになって、先生は作業の進んでいた二人の女の子たちに事務室に行って紙をもらってきてほしいと頼んだのだが、A君はそのことがうらやましかったのだろう、自分の作業がひと段落したのち、二人がいつ帰ってくるか気がかりで、教室の後ろの出入り口のところに行って、しきりに外を眺めていて、そのうち引き戸を開けたり閉めたりして遊びはじめた。ところが、そのA君の姿を目にした先生は、A君が教室から出て、戻ってきたところだと思ったらしく、「あれー、A君。どこ行ってきたの。学習中に外に行くときには先生に言わないと」と声をかけた。A君はどこへ行っていたわけでもなく、ただ出入り口で外を見ていただけなのだが、そう弁解することはせず、口ごもってしまった。いつも先生に叱られてばかりいる彼は、抗弁するだけの自信がなかったのであろう。それで先生からは「えっ、聞こえないよ。はっきり言わないと」と言われて、A君は「おしっこ」と答えてしまう。それは明らかに嘘だった。

A君のこの返答を聞いて、先生はさらに「「おしっこ」じゃなくて、「先生トイレに行ってきました」

でしょ」と返答の仕方を注意したうえで、「ちゃんと先生に言ってから行かないと。休み時間はいちいち遊びに行ってきますって言わなくてもいいけど、授業中なんだから。行くときは勝手に出て行かないでかならず、先生に声をかけてくださいね」と諭し、黙って聞いていたA君はただ頷いて、その場は終わってしまう。

A君の行動をずっと追って見ていた観察者には、彼の「おしっこ」という発言が嘘であることは明らかだった。しかし、注意した先生は「おしっこ（のために教室を出た）」というA君の嘘の自白を、疑うこともなく信じた。ルール違反という自分にとって不利なことを、A君が自ら認めたからである。一方、A君の視点から見れば、教室を出ていないという自分の真実を語っても信じてもらえそうにないし、真実を語ろうとすれば、先生と対峙して先生を説得しなければならない。A君にとって、そうした対決こそが難しい。だから、その対決を避けるべく、授業中に教室を出ることが許される「おしっこ」を、とっさに口にしたのである。まだ六、七歳の幼い子どもが、状況の渦中でこうして自分に不利な嘘をついて、その場をやり過ごすということがあるのだ。

相手から迎え入れられ、支えられる嘘

嘘というと、一般には、相手を騙して自分の利を図る嘘を考えてしまう。それゆえ、その相手は騙されまいとするし、なんとか嘘を見破って、真実を暴こうとする。つまり、嘘は一方が〈騙し〉、他方が〈暴く〉という構図でイメージされる。しかし、先に見た岡本少年やA君の嘘は、およそ相手を騙そうとするものではない。逆に相手との対立を避け、相手が思い描いている想定を自ら読み込んで、それに合わせるように語る。そして、その語りが相手の想定に合えば、相手は「なるほど」と納得し、その語りが迎え入れられ、支えられる。〈騙す―暴く〉嘘とは違って、そこに一方が〈語り〉、他方が〈迎え入れ、支える〉という、まったく別の構図の嘘が成り立つ。

このように見たとき、虚偽自白の嘘は、もちろん、後者の嘘である。否認して取調官と対決していた無実の被疑者が、とうとう対決に耐えられなくて嘘の自白に落ちる。それは取調官を騙そうとしたものではなく、むしろ取調官の想定を受け入れて、そこに飲み込まれたのである。それ以降、被疑者は自分から犯人になったつもりで、取調官の追及に合わせて犯行筋書を想像し、それを語り、取調官は、その嘘の語りを迎え入れて、それを調書に記録していく。そのとき無実の被疑者は、自分の想像で語る以外にないために、当然、取調官が把握している客観的証拠と食い違う語りをしばしば口にしてしまうのだが、そうすると取調官は「えっ、そうか？」と反問し、首をかしげる。そうすれば無実の被疑者は自分が間違ったのだと思う。なにしろ自分は想像で語っているだけだということを知っているからである。そこで先の自白を訂正して、別のことを言う。その結果、取調官の想定と矛盾しなければ、「なるほど」と言って調書化されるが、ふたたび矛盾を来たすようだと、取調官はまた「そうか？」とただす。そこで無実の被疑者はまた間違ったのだと思って、二度三度と自白を修正する。〈騙す―暴く〉という構図の嘘であれば、語りに矛盾が出てきたとき、その矛盾を手がかりに嘘を暴くことができるし、またそうして暴かれてしかるべきなのだが、虚偽自白の嘘は取調官から暴かれるどころか、「そうか？」と言われて修正され、その修正を幾度も繰り返して、最後には客観的証拠や客観的状況と合致することになる。つまり無実の被疑者の嘘の語りが、取調官によって導かれ、支えられていくのである。「暴かれるべき嘘」という一般的な嘘のイメージに対して、ここには逆に相手から「支えられる嘘」がある。

気づいてしまえばごく単純なことなのだが、この種の嘘の実態を私たちはあまり知らない。そして虚偽自白がこうした嘘の構図の下に展開されるものだと知っていれば、その虚偽を見抜くことは難しくないのだが、それを知らなければ虚偽を見抜けないままに、真実の自白として通用してしまう。

5　出来事を語る三つの対話タイプと虚偽自白の嘘

「支えられる嘘」を見抜くために

嘘は人間にとって身近な現象だが、その実態を私たちは案外知らない。そして嘘と言えばすぐに、相手を騙して自分の利益を図る、あるいはなんとか誤魔化して自分の不利益を逃れる、そういうものだと理解して、だからこそ、そうした嘘をつかれかねない立場に身をおいたときには、何より相手に騙されまいと構える。現に、警察官や検察官たちは、一定の容疑で捕まえたはずの被疑者が取調べの場で否認すれば、まずはその否認を疑ってかかる。憎むべき罪を犯した犯人に騙されるようなことがあっては、取調官としては失格だと思ってしまうからである。

いや、裁判官でさえも、取調べ段階で自白した被告人が法廷で否認に転じたりすれば、相当の証拠があって起訴されたのだから、有罪の可能性は高いし、死刑とか無期懲役が予想される大事件であれば、やはり重い刑罰が怖くて嘘をついて否認に戻ったのではないかと思いやすい。そこで、否認する被告人には騙されまいと思う。有罪率が九九％を超える現実のなかでは、裁判官たちにとってみれば、目の前の被告人席に座る人たちの一〇〇人中九九人以上が有罪、自身が無罪判決を下す機会などめったにないのである。裁判官によっては一生のあいだに一度も無罪判決を書いたことがないという者だっている。そのためだろう、有罪・無罪が争われる事件で無罪判決を書くのは、裁判官にとって勇気のいることだという。そうなると被告人がいくら無実を主張しても、裁判官の側では、おのずとその被告人の嘘には騙されまいと思う気持ちが働く。それが裁判官の本音だという人もいるくらいである。考えてみれば、おそろしいことだ。

もちろん真犯人の否認の嘘に騙されるようなことがあってはならないし、その嘘は暴かれなくてはなるまい。しかし、それが真に無実の人の否認であればどうなるだろうか。じっさい、そのように〈騙す―暴く〉という構図の下で事が展開するのは、真犯人の嘘の否認の場合だけで、無実の人の嘘の自白は、この同じ構図の下で論じることができない。虚偽自白においては、これまで見てきたように、無実の被疑者が取調官の「証拠なき確信」の壁にぶつかって苦しみ、辛くなった挙句に自白に落ち、犯行筋書を想像で語って、それが取調官によって支えられるのである。想像で語られるがゆえに、その自白内容にはあれこれ間違いが生じる。しかし、それでもなお虚偽の自白とは思われずに、真犯人の自白と見なされて、取調官から間違いを指摘され、修正されていく。虚偽自白の嘘は、そうして〈語る―支えられる〉という構図の下に展開する。もちろん、これも嘘であるかぎりは、それとして正確に見抜かれなければならない。でなければ、無実の人の冤罪を正しく晴らすことができない。

この「支えられる嘘」の見抜き方は、「暴かれるべき嘘」を暴く場合と、根本的にその構図が異なる。そのことをしっかりとおさえておくために、ここで人が出来事について語るときの対話のタイプを区別して、そこに嘘を位置づけて考えておきたい。

出来事を語る三つの対話タイプ

現実に起こった出来事について、人どうしがこれを話題にして語るとき、そこでの対話のかたちは、理論的に言って三つのタイプに区分することができる。

第一は、ある出来事を一緒に体験した者どうしが、あれはこうだったね、これはこうだったねと、たがいの体験を語り合うというタイプである。たとえば一緒に旅行に行った者どうしが、帰ってきてしばらくして、その旅行の思い出話に興じる。このとき、たがいに同じ出来事を体験しても、人によって受けとめ方は異なるので、厳密な意味で言えば、同一の体験をしたとは言えないかもしれないが、それでも同じ時、同じ場所で、同じ出来事を体験したことそのものはともに了解し合っているわけで、それを前提にたがいの記憶を照合し、当の出来事の体験を確認し合う。これは体験者どうしの「共同の語り」である。この語りにおいては、ほんらい、嘘が問題にならない。もちろん出来事を体験した際の気持ちなど、主観的な部分については、それを偽ることがありうるし、同じ場にいても相手が確認できなかった可能性のある細部については、相手の反応を見つつ嘘でごまかすこともありうる。それでも、一緒に体験したはずの出来事の基本部分については、これを嘘で偽ることはできない。相手もまたそのほんとうのことを知っているかぎり、嘘でこれを偽ろうとしても、ただちにばれてしまうことが明らかだからである。嘘とは、そもそも相手の知らないところを偽って、その相手に実際とは違うことを信じさせる行為なのである。相手が当の事実を知っているかぎり、嘘をつくことはできない。

第二は、ある出来事を体験した者がそれを体験していない者に対して語るというタイプである。そこでは非体験者が、体験者からどのような出来事があったかを聴き取り、その体験の情報を共有しようとする。人がそれぞれの体験世界を独自に持ちながらも、ともに共通の世界を生き合えているように思うのは、こうしたコミュニケーションの働きによってである。たとえば、旅行から帰ってきた人に対して、家族がその旅先での出来事や体験を聞いて、それを共有する。体験者から非体験者が聴き取るというかたちの、いわば「聴取の語り」によって、たがいの世界を確認し合うのである。

〈騙す―暴く〉という嘘が入り込むのは、多くの場合、このタイプの対話場面においてである。なにしろ聞き手の側にはもとの体験がなく、相手のことばを聞いて、それを知る以外にないからである。旅行の思い出をただおしゃべりするだけというような場面では、そこにあえて嘘を交えなければならないようなことはないが、それでも何か語り手の側に不都合があれば、嘘が入りうる。たとえば一人で旅行したと見せかけながら、じつは誰かと二人で出かけていて、それを相手には偽るというようなことがある。

体験者から非体験者が当の体験を聞くというこのタイプは、語りのなかで非常に多いもので、もっとも嘘が入り込みやすいのは、まさにこのタイプである。刑事事件における取調べもまた、犯罪を自

タイプⅠ 共同の語り	タイプⅡ 聴取の語り	タイプⅢ 伝聞の語り
体　験　者	非　体　験　者	非　体　験　者
↓　↑	問う　↓　↑　答える	↓　↑
体　験　者 〔語り合う〕	体　験　者 〔聴き取る〕	非　体　験　者 〔噂話をする〕

図4　出来事を語る３つの対話タイプ

ら実行しそれを体験した者から、非体験者である取調官がこれを聴き取るという意味で、まさにそのようなタイプの語りであり、これによって現実に行われた出来事を確認し、必要ならば刑罰のかたちでその責任を問わなければならない。

第三は、ある出来事について、それを体験していない者どうしが、人からの話で聞いて、あれこれおしゃべりするタイプである。新聞の記事を読んだりテレビのニュースを見たりして、そこで報道された出来事を話題に非体験者どうしが語るというようなものが典型だが、それは言ってみれば「伝聞の語り」である。ここでも自分が得た情報をあえて曲げて、相手に嘘の情報を伝えることはありうるが、その種の嘘は体験の嘘ではなく、おしゃべりのうえでの嘘にすぎない。その意味で言えば、それは狭義の嘘というより、むしろ「ほら」に属する。たがいが伝聞であることを知っておしゃべりするのであるから、勝手な話があれこれ盛り上がりやすく、そうなってしまえば、伝聞話はいくらでも膨らんでしまう。伝聞情報の怖さはそこにある。

出来事についての語りは、図4に示したように、体験者どうしの「共同の語り」、体験者から非体験者が聴き取る「聴取の語り」、非体験者どうしの「伝聞の語り」の三つのタイプに分けることができる。

刑事捜査における取調べは、もし真犯人を捕まえて取り調べるということであれば、この第二のタイプで、事件を実際に行った体験者（犯行者）から、捜査に当たる非体験者（取調官）が、その犯行体験の内容を聴取する。このとき真の犯行者である被疑者が、これを否認して取調官を騙そうとすれば、取調官は証拠を突きつけてその嘘を暴こうとする。そこに〈騙す―暴く〉という構図のやりとりが展開する。私たちが一般に嘘としてイメージするのはこのタイプのものである。

しかし、間違って無実の人を被疑者として捕まえて取り調べ、その人が虚偽の自白に落ちた場合、そこではこの第二の語りとはまた違うかたちで対話が展開することになる。無実の人は、もちろん、当の事件の非体験者である。しかし取調官はその非体験者を体験者（犯行者）と疑って取り調べる。そこで無実の可能性を念頭において適正な取調べが行われればいいのだが、「証拠なき確信」をもって被疑者に迫り、無実の被疑者が自白に落ちてしまえば、そこから被疑者はまるで当の犯行の体験者であるかのように振る舞わざるをえなくなる。つまり犯人（体験者）を演じるのである。そうなると、これは体験者から話を聞くというかたちを取りながら、じつのところ、そこに成り立つのは上記の第二のタイプではない。

取調官は、捜査担当者として問題の事件の証拠等を採取し、現場状況を事後の検証で確認して、どのような事件があったのかについて一定の想定を描いているが、当の事件について非体験者であることに変わりはない。そして被疑者の側も、無実であるかぎり、犯行者と間違われて取調室に引き入れられたとしても、もちろん事件の非体験者である。それゆえ、その取調べで交わされる対話は、非体験者どうしのものでしかない。つまり、そこに成り立つのは、事実上、先の三タイプのうちの第三のもの、つまり「伝聞の語り」でしかない。にもかかわらず、取調官はそれを体験者からその体験を聴き取る第二の「聴取の語り」と思い込んでいる。そして、そこで聴取されている被疑者の方は、自分が体験者ではないことを知っていても、自白に落ちてしまった以上は、体験者として語るしかない。

無実の人の虚偽自白は、このように事実上は第三の「伝聞の語り」でしかないにもかかわらず、表向きはまるで第二の「聴取の語り」であるかのように展開する。この二つのタイプの対話がこのように奇妙なかたちで混交したところで、虚偽自白は生まれるのである。それは明らかに嘘なのだが、第二のタイプの対話での嘘のように〈騙す―暴く〉の構図に収まらない。

袴田事件の袴田巌さんは、裁判で否認に転じて後、自らの自白過程について「事件のことを知らないものどうしが、たがいに頭をつきあわせて、犯行体験のあれはどうだ、これはどうだと語り合う」という、まことに奇妙なものだったと語っている。「事件のことを知らない」非体験者どうしが取調室で頭をつきあわせて、事実上伝聞でしかない情報をもとに、あたかも体験者から事実を聴取しているかのように、虚構でしかない「体験」を非体験者に語らせていく。それが虚偽自白における嘘の構図なのである。

6　自白に落ちたのに犯行筋書を語れない

自白に落ちても語れない

虚偽自白の過程は、聞き手と語り手がともに事件の非体験者であるにもかかわらず、聞き手は話し手を体験者（犯人）と思い込み、話し手はもはや弁解を諦めて、自らが「犯人になった」つもりで、まるでその体験者であるかのように語る、そういう構図の下で展開される。虚偽自白がそうした奇妙な対話の所産だと分かっていれば、その嘘を見抜くのは、けっして難しくない。このことについては、これまでいくつも具体例を挙げて説明してきたが、ここでもう一点、もっとも端的な着眼点を示しておきたい。

それは、非体験者には「体験を語れない」という当たり前の事実である。出来上がった自白調書を見れば、いかにも自分からすらすら語ったかのように書かれているのだが、じつのところ、非体験者が体験を語るということ自体が自己矛盾で、ほんとうは語れるはずがない。ところが、法廷に提出された調書には、「私は……」というかたちの独白調で、詳細にわたる犯行物語が描かれている。そのため、それを見ただけで多くの人が「無実の人にこれだけのことを語れるわけがない」と即断して、それを信用してしまう。しかし、そう思ってしまうのは、最終的にたどりついた自白結果を見て判断したからで、むしろ大事なのは、それが出来上がっていくまでのプロセスである。無実の被疑者の自白であるかぎり、そのプロセスにはかならず、「この人は犯行の事実を知らない」というしるしが刻まれている。

その端的な表れが、「私がやりました」と全面的な自白に落ちたうえで、犯行の具体的な詳細を語るまでにずいぶん時間がかかるという点である。ほんとうの犯人でも、すべて自分がやったと認めて、いざ犯行の具体的な内容を話すとなると、羞恥心もあり罪責感もあって、すらすらとは語れないだろうと思われていたりするが、およそそういう理由では説明がつかないほどの「語れなさ」が、虚偽自白にはつきまとっている。ここでは先に紹介した仁保事件と氷見事件を例に取り上げる。

犯行筋書を語れない長い長い期間

無実の人が間違って犯人として疑われるのは、多くの場合、その人が事件の現場近くにいる人だったり、被害者の関係者であったりするからで、その場合は、逮捕されて取調べを受ける段階で、その被疑者自身が問題の事件の様子やその前後の状況をよく知っている。たとえば、袴田事件の場合、袴田さんは被害者の経営する味噌工場の住み込み工員で、現場は自身の生活空間の一部であったし、事件直後の火災には自ら消火活動に加わり、鎮火後に現場を見たりもしていた。そのうえ事件後は新聞やテレビの報道にもさんざん触れ、近隣のうわさもあれこれ聞いていた。したがって、自白に落ちたとき、この事件がどのようなものだったのかを、かなりの程度具体的に想像できる立場にいた。それだけの情報があれば、自分が「犯人になった」つもりで、それなりの犯行筋書を語ることができる。ただ、その袴田さんでさえ、自白が固まるまでに内容が二転三転して、三日たってようやく大枠が定まるという経緯をたどったことは、先にも紹介したとおりである（九〇～九一頁）。

その点、仁保事件の岡部さんの場合、事件についての情報をまったくもたないなかで、突然逮捕されて取調べを受けている。この事件は一家六人殺しの大事件。現場は山口県仁保にある山間の小さな集落で、仁保は岡部さんの故郷ではあったが、現場の被害者宅には行ったことがない。それに事件当時は、遠く大阪に住んでいて、この大事件が起こったこと自体を知らなかった。事件が起こった一九五四年当時は、今日のような情報社会と違って、新聞を購読するとか、日常的にラジオのニュースを聞くとかしなければ、大事件を聞き逃すこともめずらしくない。岡部さんも日々のニュースに耳を傾けるような余裕のある生活はしていなかった。その岡部さんが、故郷で起こした些細な窃盗未遂事件で全国指名手配されて逮捕され、山口県に護送されたうえで、この大事件の容疑について、拷問もまじえた厳しい取調べを受けて、自白に落ちたのである。

あまりに厳しい取調べに、いったい自分は何の事件で取調べを受けているのだろうかと思った岡部さんは、留置場で同房になった人に尋ねて、ようやく一家六人殺しの大事件に巻き込まれているのだと知ったという。そしてとうとう辛くなって自白に落ちる。しかし、犯行現場である被害者宅も、そこに住んでいた家族のことも知らない。「私がやりました」と言ったものの、「じゃあ、どういうふうにやったのか」と問われて、語れなくて苦しんでいる場面が、録音テープには延々と収められている。前に見たのはその部分だが（八四頁）、ここであらためて取り上げたいのは、そうして自白に落ちてから犯行筋書が語れない日々が続いて、具体的な犯行内容を語る最初の自白調書が取られるまでに一一日間もかかったという事実である。

「自白に落ちたものの犯行の中身を語れない」という苦しい期間が、それだけ長く続いた。しかも、一一日後に最初の自白調書に取られたのは、当時暮らしていた大阪から仁保に帰り、事件を起こしてまた大阪に帰る、その行き帰りの行動だけである。事件を起こすためには、とにかく仁保まで帰らなければならない。そこの部分は、まず何とか想像で語れた。たまたまパチンコで大もうけしたので、久しぶりに親の顔も見たいということで故郷に帰ってきて、そこで事件を起こし、金を奪って大阪に舞い戻るという話である。ところが、被害者宅の現場での犯行本体はやはり十分に語れず、その状態がさらに長く続いて、最終的に裁判所に提出する自白調書が出来上がったのは、自白転落から四カ月後のことであった。

こうした「語れなさ」は、全面自白したはずの真犯人のものとして、およそ理解できない。しかし、岡部さんを直に取り調べた警察官、検察官は、その問題を見抜けないまま自白聴取に固執したし、その過程を検証した裁判官もまた、このなかなか出来上がっていかない自白の問題性に気づかなかった。この事件で山口地裁は、警察での自白調書の任意性は認めなかったものの、検察官の取った自白調書の任意性・信用性を認めて岡部さんに死刑の判決を下し（一九六二年）、そして広島高裁では警察官の取った自白調書も含めて、その任意性・信用性を認めて、岡部さんの控訴を棄却したのである（一九六八年）。

この事件は、結果的に最高裁で死刑判決が破棄され（一九七〇年）、その二年後に広島高裁での差し戻し審で無罪が確定し（一九七二年）、一七年かけてようやく冤罪を晴らすことができた。しかし、それを手放しでは喜べない。そもそも自白転落後になお長期間にわたって犯行筋書を語れない岡部さんの自白過程をつぶさに見ていながら、それでも岡部さんの犯人性を疑わない取調官たちの存在があって、それがこの冤罪を生み出し、支えたからである。

仁保事件は拷問的な取調べがあった古い事件で、さすがにいまはそのようなことはあるまいと思われる人が多いかもしれない。たしかに、仁保事件の時代のような拷問は、いまはもうないはずだが、無実の人の虚偽自白についての理解となると、さして変わっていない。そう思わざるをえない事件がいまも少なからずある。

氷見事件の自白過程

富山県氷見市で起こった連続強姦事件で自白し有罪判決を下されて服役した柳原さんのことは、先に簡単に見たが（一五〇頁）、彼の自白もまたその「語れなさ」が典型的に現れたケースだった。事件当時、彼はタクシーの運転手をしていて、被害者たちの目撃情報によって作成された似顔絵に顔が似ているとして疑われ、任意同行下の取調べで自白に落ちて逮捕、その後の裁判でも否認せずに罪を認めて懲役三年の実刑判決を受け、服役した。ところが、柳原さんが出所して二年後、この連続強姦事件の真犯人が捕まったのである。この真犯人の登場によって再審が行われ、柳原さんは晴れて無罪となった。

事件は二〇〇二年、柳原さんの再審無罪が決まったのが二〇〇七年で、それを受けて柳原さんは国家賠償請求を提起し、いま、その裁判の判決を待つ段階になっている（その後、国家賠償裁判では一定の国家賠償は認められたが、およそ十分とは言えない）。この事件の場合、真犯人が出たことで再審無罪にな

郵便はがき

6 0 7 - 8 7 9 0

料金受取人払郵便

山科局承認

1447

差出有効期間
平成30年9月
30日まで

（受　取　人）

京都市山科区
日ノ岡堤谷町1番地

ミネルヴァ書房

読者アンケート係 行

◆ 以下のアンケートにお答え下さい。

お求めの
書店名＿＿＿＿＿＿＿＿市区町村＿＿＿＿＿＿＿＿＿＿＿＿＿＿書店

＊ この本をどのようにしてお知りになりましたか？ 以下の中から選び、3つまで○をお付け下さい。

A.広告（　　　　）を見て　B.店頭で見て　C.知人·友人の薦め
D.著者ファン　E.図書館で借りて　F.教科書として
G.ミネルヴァ書房図書目録　H.ミネルヴァ通信
I.書評（　　　　）をみて　J.講演会など　K.テレビ·ラジオ
L.出版ダイジェスト　M.これから出る本　N.他の本を読んで
O.DM　P.ホームページ（　　　　　　　　）をみて
Q.書店の案内で　R.その他（　　　　　　　　）

書 名　お買上の本のタイトルをご記入下さい。

◆上記の本に関するご感想、またはご意見・ご希望などをお書き下さい。
文章を採用させていただいた方には図書カードを贈呈いたします。

◆よく読む分野（ご専門）について、3つまで○をお付け下さい。

1. 哲学・思想　2. 世界史　3. 日本史　4. 政治・法律
5. 経済　6. 経営　7. 心理　8. 教育　9. 保育　10. 社会福祉
11. 社会　12. 自然科学　13. 文学・言語　14. 評論・評伝
15. 児童書　16. 資格・実用　17. その他（　　　　）

〒
ご住所

Tel　　（　　　）

ふりがな
お名前　　年齢　歳　性別　男・女

ご職業・学校名
（所属・専門）

Eメール

ったのだが、では柳原さんはどうして無実であるにもかかわらず虚偽の自白に落ちたのか、その虚偽自白を警察官、検察官そして裁判官はどうして見抜けなかったのか。再審の無罪判決でも、その点の究明は行われていない。

この柳原さんの自白過程には、虚偽自白がどういうものであるかを知ってさえいれば、その虚偽性を見抜けたはずだという論点がいくつもある。その一つは、仁保事件の岡部さんと同様の「落ちた後の語れなさ」である。事件は、自宅で一人留守番をしていた女子高校生が、訪れてきた男に脅され、自宅のなかで襲われたというもの。柳原さんが疑われた事件は二件あって、一件は強姦未遂、もう一件は既遂である。最初に取り調べられたのは未遂事件。その任意同行での取調べ三日目で柳原さんは自白に落ち、ただちにその犯行の概要を語っている。ところが、その供述内容を見ると、被害者宅に上がり込んで以降の具体的な場面が語れていない。強姦行為の詳細をことばで語るのは、いくら真犯人でもやはり恥ずかしいのだろうと思われるかもしれないが、柳原さんの語れなさはその直接的な行為の場面だけではない。

柳原さんが仕事を終えて帰宅後、強姦目的で被害者宅に出かけていくまで、また犯行後、自宅に帰ってくるまでについては詳細に語っているのに、被害者宅のなかの出来事がほとんど空白で、そこで語られたのは「脅して下半身を裸にさせました」という、まさに外形だけなのである。強姦事件である以上、その外形を認めるのは当然として、問題は、被害者宅の現場の様子を具体的に自分の口でちゃんと話せて、それが現場状況や女子高生の被害供述と合致するかどうかである。柳原さんの自白は、まさにそこが語れていない。

もちろん、取調べにあたった警察官はその点を執拗に追及したはずだが、結局、柳原さんは一〇日間以上も屋内の具体的内容を語れないまま、その後ようやく女子高生の被害供述をなぞった自白が最終的に調書にまとめられることになる。この「語れなさ」は仁保事件のそれとまったく同型である。仁保事件の岡部さんも自白転落後、大阪から仁保に帰り、事件後また大阪に戻ったことは自白できたが、被害者宅の現場の犯行が語れなかった。柳原さんもまた同様である。タクシー運転手だった柳原さんは、市内にあった被害者宅の地理的な位置はよく分かっていて、それを具体的に自白に織り込むことはできたのだが、犯行の具体的な内容を語ろうと思えば、被害者宅の玄関から入った後の屋内の間取り、女子高生の部屋、そのなかの様子を知っていなければならない。しかし、体験者でない柳原さんにはそれが分からないし、ただの想像では語れない。その語れなさが自白転落後の初期の自白調書には如実に表れていた。その問題性が誰にも見抜かれないまま、柳原さんの冤罪は完成し、真犯人の登場までそれが明かされることがなかったのである。

冤罪事件の虚偽自白を見抜くことは、じつは難しいことではない。とりわけ、当の自白を聴取した取調官にとっては、「落ちたはずの被疑者が犯行を語れない」というその一点に注目するだけでも、落としたはずの被疑者がじつは無実かもしれないと疑うことができるはずである。しかし、被疑者を落とすことを手柄と思ってしまう捜査文化のなかでは、いったん得たはずの手柄を手放すことが容易でない。そこでは無実の被疑者の嘘の自白を見抜くどころか、語れない中身を語らせることに必死になってしまう。しかも、そうして無理矢理に語らされた犯行自白の嘘を、裁判官たちもまた見逃してしまい、最後まで虚偽が虚偽として見抜かれないまま、柳原さんは無実でありながら懲役の刑に服してしまったのである。これはわが国の刑事捜査につきまとう構造上の問題であって、柳原さんのケースをけっして例外とは言えない。

注

（1）　これは執筆当時の二〇一四年一〇月の数字で、二〇一六年六月現在には三四一人である。

第6章　自白的関係に抱き込まれた語り

1　七〇年ものあいだ解けなかった自白の罠

ある訃報

二〇一三年の秋のある日、知人が亡くなったとの知らせが私のもとに届き、そして翌朝、訃報を新聞で読むことになった。

一九四八年の帝銀事件で逮捕され、獄中死した平沢貞通元死刑囚の養子で、第一九次再審請求中の武彦さん（五四）と見られる男性が一〇月一日夜、東京都杉並区の住宅で死亡しているのが見つかった。事件性はなく、警視庁杉並署が身元の確認を急ぐ。……杉並署によると、一日午後七時すぎ、武彦さんと連絡が取れないと友人が同署に相談。署員を伴って武彦さんの自宅を訪れ、死亡している男性を見つけた。目立った外傷はないという。

平沢武彦さんは、帝銀事件の解明と平沢貞通さんの救援にジャーナリストとしての人生を賭けた森川哲郎氏の子どもとして生まれ、平沢貞通さんが獄中死する八年前、二二歳のときに貞通さんの養子となり、その死後、再審請求人の立場を引き継いで、文字通り帝銀事件の再審請求に命を賭けた。しかし再審は、「針の穴に駱駝を通す」の比喩の通り、まことに難しい。武彦さんが再審請求人を引き継いだ後も、再審の扉が開く気配はなく、時間だけは過ぎていく。二〇代で意気軒昂であった武彦さんも、五〇の坂を越えるあたりから疲労の影が目立ちはじめ、やがては鬱の症状も現れるようになった。彼のどんよりと疲れた眼に、ときに刺すようなまなざしが光る。その眼をいまも思い出す。

年が明けて二〇一四年一月二六日、帝銀事件六六周年のその日に、「武彦さんを偲ぶ会」が東京四谷で行われた。獄死した平沢貞通さんには五人の子どもがいたのだが、貞通さんが帝銀事件の犯人として起訴され死刑判決を受け、家族もまた世間のバッシングにさらされるなかで、一家はほとんど離散状態になって、裁判を支えていく者はいなくなった。救援会を担ってきた森川哲郎氏の子息であった武彦さんが養子となって、帝銀事件の再審請求を引き受けていくことになるのは、運命の巡り合わせでもあったが、それにしても貞通さん亡き後の四半世紀、再審請求が思うように進んでいかないなかで、その重責を背負うのは、武彦さんにとって過酷に過ぎる巡り合わせであったのかもしれない。

武彦さんの孤独死は、帝銀事件再審請求の運動の一端を担っているつもりでいた私たちにとって、ひどく重いものとなった。偲ぶ会に集まった一〇〇名に及ぶ参加者たちは、マスコミ関係の人たちを除けば、ほとんどが六〇歳を超えている。これまでの救援会の活動を映し出すスライドには、いまは亡き人々の顔が次々と並ぶ。なにしろ敗戦から三年後に起こった事件である。私自身の生活史に重ねて言えば、私の一歳の誕生日の前日に事件は起こっている。そしてこの事件について自白と目撃供述の分析を弁護団から依頼されたのが、平沢貞通さんの獄死から数年後、私が四〇代半ばのことだった。その私ももう七〇歳になる。

語れるはずの重要部分を語れない

帝銀事件は謎に満ちた複雑な事件である。用いられた毒物が即効性の無機の青酸化合物ではなく、旧日本軍七三一部隊の開発した遅効性の有機の青酸化合物ではないかとの疑いもある。この事件の謎は深く、今日ではほとんど迷宮入りの状態にある。しかし、この事件で逮捕・起訴された平沢貞通さんが真の犯人であるかどうかは、この帝銀事件そのものの謎とは別の問題であって、これを解くのはじつはそれほど難しいことではない。平沢さんを有罪とする一つの決め手になった目撃供述にしても、もともとこれによって平沢さんが浮かび上がったのではなく、別の線で疑われて逮捕されてから、目撃者に面通しさせた結果、多くの人がだんだんと「似ている」とか「この人に間違いない」と言い出したのであって、それそのものが危ない証拠である。それに自白もまた、逮捕後ほとんど一カ月も経過して後に出てきたものである。しかも自白に落ちてから、犯行の内容を話さなければならない場面で、平沢さんはあれこれ語ろうとするのだが、結局はうまく語れないことが露骨に現れている。

平沢さんの場合、仁保事件の岡部さんや氷見事件の柳原さんが自白内容を実質的に語り出すまでに一〇日余りの時日を要したのとは異なり、自白転落の直後から犯行内容をただちに語りはじめようとしている。しかし、平沢さんの自白についてもまた、その語りはじめの過程をつぶさに見ていけば、その「語れなさ」がはっきりと表に現われている。無実の人がいくら「犯人になろう」としても、やはり真の犯行体験は語れない。

平沢さんが、帝銀事件の被疑者として、故郷の小樽で逮捕されたのは、事件から半年余りたった一九四八年八月二一日、そこから列車と青函連絡船を乗り継いで上野に到着したのが八月二三日。極秘の連行のつもりだったものが、すぐに新聞記者たちの察知するところとなって大きく報道され、平沢さんが上野駅に着いたときには、駅周辺は野次馬で黒山の人だかりだったという。警察ではさっそく、帝銀事件の生き残りを含めて一一人の目撃者たちに面通しを行ったのだが、そのうち六人は「似ているが違う」と言い、あとの五人も「似ている」と言うのみで犯人だと特定した者はいなかった。そういう状況で当初はシロ説が優勢ななかで取調べがはじまったのだが、一週間後、平沢さんが日本堂事件という詐欺事件を起こしていたことが発覚し、平沢さんもそれを認めて自白したことで、帝銀事件もやったのではないかというクロ説が急浮上、そこから本格的な追及がはじまった。ちなみに日本堂事件の自白は、自白に落ちてただちにその犯行の全体を一気に語っていて、真にこの犯行をやった人の自白だと十分に納得できる。ところが、帝銀事件の自白はそれとはまったく対照的な過程をたどる。

平沢さんが帝銀事件の自白をはじめたのは、逮捕から一カ月たった九月二三日のことである。それが真犯人の自白であれば、文字通りに取調べを担当した検察官の大手柄というべきだが、ここでの検察官と平沢さんのやりとりを分析していくと、それはとても大手柄といえるようなものではなく、むしろ歴史に残る大失態であったことが見えてくる。

腕章も毒殺に使った薬も「手に入らない」　平沢さんが自白に落ちて犯行を語りはじめた場面を、取調べを担当した高木一検事の聴取書（当時は新刑事訴訟法が施行される以前で「供述調書」ではなくこう呼んでいた）から抜き書きしてみると、それがじつに興味深い。

問　昨日の続きを少し話しなさい。
答　ただ困った事は、腕章も手に入らず、薬も手に入らないので、どうして人殺しが出来るか、それで辻褄が合わないので困ります。
問　腕章や青酸カリの事など気にする必要はない。こちらに判ってないと思う事は言わなくてもよい。お前の本当の告白であれば、それが本当であるかどうかを計る見当は十分あるのだから。
答　（黙して答えず）

一見すると、まるで否認しているように見える。しかし、あえて断っておかなければならないが、これは平沢さんが帝銀事件を自分の犯行だと認めたうえでのやりとりである。この高木検事の聴取書は問答形式で、内容は実際の様子をそうとう忠実に再現していると思われる。なぜなら文章がまことに率直で、しかも捜査側に有利とはとても言えない内容も含まれているからである。もちろん正確さにおいては録音テープに及ばないにしても、供述分析の資料としては貴重である。とりわけ面白いのは、とうとう自白に転落し、もう後戻りができなくなってしまったこの段階で、平沢さんが「腕章も手に入らず、薬も手に入らないので、どうして人殺しが出来るか、それで辻褄が合わないので困ります」と発言し、それをそのまま高木検事が書き残していることである。

ここで「腕章」というのは、帝銀事件の犯人がＧＨＱの指示で伝染病の防疫活動をする医師であることを示すためのもので、そこには東京都を表すマークがついていた。犯人である以上、これをどこかから入手しなければならない。ところが平沢さんは、自白に落ちたその日、その入手経路を語れなくて困っている。また「薬」というのは、もちろん帝銀事件で使われ一二名の行員たちを死にいたらしめた青酸化合物である。これがいかなる青酸化合物かがこの事件では最大の謎で、捜査当初は、即効性でほとんど即死すると言われている青酸カリなどの無機の青酸ではなく、旧日本軍が開発していた遅効性の有機の青酸ではないかと言われていたのだが、もしそうだとすれば平沢さんに入手の可能性はない。それに対して青酸カリであれば、戦時中自決のために所持する人たちもいて、一般人にも入手可能である。そこで高木検事は平沢さんに対して青酸カリを持っていたのではないかと追及していくのだが、平沢さんはそれもまた入手経路を語れない。

「腕章」も「薬」も帝銀事件には欠かすことのできない犯行要素であり、真犯人ならばこれを忘れることも、間違うこともありえない。それに、自白して自分がやったのだと認めてしまった以上、これを嘘で偽らなければならない理由もない。だとすれば、この犯行の重要な部分についての「語れなさ」は、平沢さんが事件のことをほんとうは知らないということを端的に示しているのではないか。

虚偽自白がどのような過程で出てくるものかを知っていれば、そう疑ってしかるべきところ、高木検事はそこで「気にする必要はない。こちらに判ってないと思う事は言わなくてもよい。お前の本当の告白であれば、それが本当であるかどうかを計る見当は十分あるのだから」と言う。これはいったいどういうことなのか。

腕章の入手についても青酸カリの入手についても、自白転落当日、平沢さんは上記のように分からなくて困りはてているのだが、その後の取調べのなかで、腕章は自分が作ったことにして終わり、青酸カリは、取調べが終結した一〇月九日まで入手経路を転々と変えたあげく、結局は、いずれも裏付けがとれないままに終わっている。

現場にどう入ったかも、何を飲ませたのかも分からない

平沢さんが自白に落ちた日の二通目の聴取書にも、同様に奇妙なやりとりが記録されている。取調室に目撃者がやってきて、その場で平沢さんの面通しをして、退席したあと、高木検事に「誰もいなくなったから、先の続きを話して御覧」と促されて、平沢さんは次のように語り出している。

答　昼御飯を皆食べたので腹がくちいですな、ゲップを皆出してしまいますからお待ち下さい。（と言いながら、背骨を圧さえ数回ゲップをした後）話が全然まとまらないので困ったものですな。

問　順序が立たなくともよいから。

（しばらく黙したうえ）

答　えーと一ぷくさせて頂きます。（被疑者はたばこに点火してこれを吸い終わった後）順序と言いましたが、それよりも記憶の方がどうも。
問　体裁の良いことばを聞こうと思わんから、思い出すままで良いではないか。
答　大事な事ですから、嘘になっても何にもなりませぬから、しっかりまとめたいですね。最後の大事な事まで私が嘘をついたと思われたくないですから。大体銀行もどこから入ったか憶えがないのだからそいつが困るのです。申し上げるからには整然たる事を申し上げたいと思います。さすがに最後に平沢は綺麗に言ったという事をお認め願いたいものです。ですからどうか時間の余裕を下さい。今晩一と晩寝てゆっくりまとめますから。
問　まとまらなくとも良い。記憶を喚び戻せるヒントを与えてやるから。
答　いや、自分で記憶が蘇って来ると思います。ただ考察の時間を与えて下さい。
問　しかし、長い間の出来事だから、十分整えて全部記憶を喚起するにはなかなか困難だろう。
答　いいえ、時間だけ与え下されば十分出来ると思います。

念のために断っておかなければならないが、いかにも間延びのしたこのやりとりも、すでに自白転落後のことであり、その自白を前提に、平沢さんはもはや否認に転じようとしていない。そんななかで彼はゲップを繰り返し、「話が全然まとまらないので困ったものですな」と言う。いよいよ自白に落ちた場面だというのに、まるで他人事のようである。そしてここでも、平沢さんは「大体銀行もどこから入ったか憶えがないのだからそいつが困るのです」などと、犯行の肝心の部分についての「語れなさ」が露呈している。

真犯人ならば、それはトボケているとしか言いようがない。しかし、すでに自白に落ちた平沢さんが、どうしてそのようにトボケなければならないのか。その理由はどこにも見当たらない。しかも、その後の追及で平沢さんは銀行への侵入経路をそれなりに語るようになるのだが、そこには客観的状況と食い違うところがいくつも出てきて、最後までピタリと定まらない。

そして、さらにこの自白転落当日の三通目の聴取書では、銀行に入って支店長代理とあれこれ話をして、いよいよ行員らを集めて薬を飲ませる場面に話が移ると、平沢さんは「ゴチャゴチャなっちゃって」と言い、「そのゴチャゴチャが、何のゴチャゴチャかはっきり判らないのです」などと言って、次のやりとりが出てくる。

答　コップを借りましたですね。そして薬を注いで、その薬が困るんですよ、青酸カリなのですが私持ってないですから。
問　まあいい、その薬は何処から持って行ったのか。
答　家の塩酸の壜にあったのを持って行ったのです。手で持って行ったのです。その薬を皆が飲みました。

一六人の行員たちを一堂に集めて薬を飲ませようという緊迫の場面について、平沢さんの自白はまったく曖昧そのもので、およそその場を実際に体験した者の供述ではない。そのうえに、ここで「家の塩酸の壜にあったのを持って行った」ことになって、問題の青酸カリを塩酸の壜に入れて持って行ったように言うのだが、そこからなんと次の四通目の聴取書では、行員たちに「濃塩酸」を飲ませたのだという、とんでもない話になっていく。ふざけているのかと言いたくなりそうな話だが、けっしてそうではない。その「語れなさ」は、まさに無実の者のそれだと言うほかない。

2　被疑者の「語れなさ」に目をつむる取調官

平沢さんの「語れなさ」

無実の人が犯人と間違われ、取調官の思い込みを正せないまま、辛くなって自白する。しかし、無実の人は事件のすべてを認めても、その犯行の実際を語れない。それでも、あれこれ想像して語ろうとして、奇妙な語りが出てしまう。虚偽自白がどのようなものかを取調官が知っていれば、その「語れなさ」を見ただけで、やはりこれは無実ではと気づくはずである。

取調べは、実際のところ、取調官と被疑者がただ対面して自由に語り合い、対等に情報交換し合って、何が事実だったかを明らかにするというような、いわゆるインタビューではない。近年、欧米諸国では、被疑者の取調べは情報収集に徹するべきものであって、それはほんらい「尋問」(interrogation)

ではなく「面接」（interview）であるべきだとの考え方が広がっているという。しかし、わが国の刑事捜査においては、そうした認識がまだ芽生えはじめたばかりで、大勢は尋問的な取調べの域を脱していない。まして帝銀事件の時代など、そこからはほど遠い状況だった。そもそも取調室は、世間から離れたニュートラルな、無風の場ではない。帝銀事件の場合、戦後最大の毒殺事件として騒がれるなか、平沢さんが逮捕され、一カ月の取調べの果てにとうとう自白に落ちたのである。世間の注目を浴びている取調室には、端的に事実を明らかにするという以上に、何とか犯人として仕立て上げようという、別の大きな力学が働く。

平沢さんの取調べを担当した高木検事は、逮捕当時、一一人もの目撃者たちの面通しで、「似ている」とは言っても「この人だ」と断定できる人がいなかったこともあって、取調べに入った当初は無実かもしれないと思っていたようなのだが、その後、日本堂事件の発覚・自白を機に、平沢さんへの嫌疑を深め、彼が自白に落ちたときには、もはや無実の可能性はほとんど考えなくなっていた。なにしろ世間の注目の的となっている帝銀事件の取調官として、平沢さんを自白に落としたのである。ただ、その平沢さんにいざ犯行の内容を語らせようとしたとき、彼はこれを語れない。しかし、その「語れなさ」が高木検事には、無実の徴候とは見えなかった。

虚偽自白といえば、一般に、取調官が被疑者を無実と知っていて、それでも強引に落として、自白をでっち上げるものであるかのように思われている。しかし、もしそうであるなら、自白を調書に取るときには、そのでっち上げの痕跡が残らないようにするはずなのだが、その点、高木検事の聴取書には、平沢さんの「語れなさ」がまことに率直に、しかも繰り返し記録されている。これを聴取した高木検事には、少なくとも意図的なでっち上げの意識はないと言ってよい。言い換えれば、高木検事は平沢さんの無実の可能性をまったく考えずに取調べを続け、平沢さんの奇妙な応答をそのまま聴取書に記録したのである。

平沢さんは事件の二〇年余り前に、狂犬病予防注射で重篤な脳疾患に罹患し、コルサコフ症候群と診断されていた。高木検事の頭にはこのことがあったのかもしれない。コルサコフ症候群は記憶障害を伴い、結果として作話症が見られることが多い。じっさい、平沢さんには周囲の人がえっと思うような空想性虚言のエピソードがいくつもあって、病前に比較して人格の変容も見られたという。こうした障害があったことを意識して、高木検事は平沢さんの「語れなさ」の背後に彼の記憶障害や人格的な問題があるものと考えた可能性が高い。

自白転落直後の平沢さんの自白は、まったくとんでもないものだったが、そうしてうまく語れない平沢さんに対して、高木検事は「まとまらなくとも良い。記憶を喚び戻せるヒントを与えてやるから」と促し、さらには「しかし長い間の出来事だから十分整えて全部記憶を喚起するにはなかなか困難だろう」と言いながら、彼の「語れなさ」をしきりにカバーしている。

「語れなさ」を「語りしぶり」と見る

しかし、「語れなさ」の背後に記憶能力の問題があると考えたとしても、そこにはなお理解できないところがある。取調べ場面から、もう一つ例を取り出してみよう。前節で紹介した自白転落当日の二通目の聴取書の続きである。まずは銀行のなかに入って支店長と会って、「伝染病の消毒に来た」と言い、名刺を差し出し、お茶を出してもらうところを語ったうえで犯行場面に移る。茶碗を用意してもらって、いよいよ皆がその薬を飲む場面である。

答　その薬を皆が飲みました。私も飲みました。私は少ししか飲みませんでした。飲んで皆が倒れましたから、それから金を持ってその金を扱う処の台の上にあった金を全部百円札ばかりだったと思いますが、そいつを落ちていた紙か新聞紙に包んで表へ出ました。

（中略）

問　薬は。

答　家にあった塩酸の壜から医者の二百瓦入るやつでしたが、その薬壜へ入れて持って行きました。

問　それ以外に持って行かなかったか。

答　はいその他には持って行かなかったと思います。

問　お前の今言った事は、けっして本当の事と思って聞いていないよ。しかし、お前が前に言った通り梯子段を上らせてくれと言うから、一足飛びには無理だろうが本当の告白をしなさいよ。

集めた行員全員に薬を飲ませ、皆が倒れたところでお金を奪って表に出たという外形は語ったのだが、この程度の流れは当時の新聞情報からでも言えることで、誰でも知っている。そこには真犯人の語りらしい具体性がまったく欠けている。それに帝銀事件の犯行の特異性の一つは、青酸化合物をわずかずつピペットのようなもので注ぎ分けて飲ませたうえで、一分間待って、次に水のようなものを飲ませているという点にある。このように二度に分けて飲ませているという手口は、三カ月前の安田銀行荏原支店での未遂事件でも同じであった。真犯人ならば、この特徴的な犯行を語ることができなければならない。しかし、平沢さんの自白にはその特異な手口がまったく語られていないのである。

この「語れなさ」を記憶の問題として解釈するのは、よほどの記憶障害を想定しなければ無理である。そして、そこまでの記憶障害が平沢さんにあれば、そもそも取調べそのものが成り立たない。だからこそ、高木検事はこれに対して「けっして本当の事と思って聞いていないよ」と言いつつ、「一足飛びには無理だろうが本当の告白をしなさいよ」と言う。つまり、記憶の問題として「よく思い出しなさい」ということではなく、「本当の告白をしなさい」と諭しているのである。

高木検事は平沢さんの「語れなさ」を真犯人の「語りしぶり」と見て、追及の手を緩めず、犯行の全容を自白させるべく全力を注ぐことになる。そして現に、自白転落の九月二三日から最終の検事聴取書が取られた一〇月九日まで、連日の取調べによって、平沢さんの自白は最初に比べれば、少しずつ詳細かつ具体的になっていく。しかし、それでもなお真犯人ならではの自白内容は皆無であり、行員に飲ませたという「青酸カリ」の入手経路すら、自白があれこれと変転するばかりで、結局、どれ一つとして裏づけが取れないまま終わる。

平沢さんのこの「語れなさ」を前にして、それを「語りしぶり」として解釈するというのは、たしかに理屈のうえではありうる。しかし、犯行のすべてを全面的に認めて、それ以上もはや「吐く」ものが何もない状況にいたったうえで、個々の犯行場面の具体的詳細について、これをなお語りしぶることが、どういう理由でありうるのか。そう考えれば、そこでもう一度この事件を白紙から検討し直すことができたはずなのだが、結局、高木検事はそこから引き返すことがなかった。平沢さんの「語れなさ」を強引に「語りしぶり」と理解して、これに正面から向き合うことをしなかったのである。

「仏身の清い心」となって、なお語れない

平沢さんは全面自白に落ちたにもかかわらず、犯行を語れず、苦しむ一方で、高木検事は語れない平沢さんに苛立つ。検事聴取書のなかには、語れない平沢さんを責め、諭し、そしてしきりに苛立つ高木検事のことばがいくつも記録されている。

未だ未だお前は上がり切っていない。
もう少し考えなさいよ。
お前は未だ未だ本当の告白をしていないが……。
汚いもののあるうちは出させなければならない……。
また嘘の尻拭いをするのか。
お前は未だ未だ洗い切れない汚い所が沢山ある。

こうした高木検事の追及に苦しんだ平沢さんは、九月二四日の取調べが終わって留置場に戻ってから、痔の治療にと処方されていた坐薬をまとめて飲んで自殺を図る。それまで二度にわたる自殺行為があって、これが三度目の自殺未遂であった。しかし、このときもまた狂言自殺と見た高木検事は追及の手を緩めない。

そのあたりから平沢さんの夢には、繰り返し普賢菩薩が現れ、そこでの話が検事聴取書に記録されていく。供述の調書に被疑者の見た夢物語が書き取られていくというのはまことに異例のことで、それ自体が平沢さんに対する取調べがいかに特異なものであったかを示している。そのハイライトは、自白に落ちて一週間後、一〇月の一日、二日、三日。取調べが終わって留置場で床に就くと、毎夜、平沢さんの夢枕に普賢菩薩が立ち、二日には「今身の貴方はもういないんですよ。仏身の清い心であとの事をして行かねばなりません」と諭し、さらにすっかり心を浄めた平沢さんに対して、三日には仏様も一緒に出てきて「さあ今魂を与える、仏身になったよ。尚今後は清めて汚さない様になさい」と告げる。そして仏様が消えてから、普賢菩薩が次のように言う。

「気持ちが良いだろう。貴方は物を見る目が、汚れた今身の目と違って来たね。気が付いているだろう。毎日一番多く御話ししている検事さんも、今迄とは全く変わった筈だ。昨日からは一番親しい心の友として貴方の目に写っているね。よく御礼を言いなさい」。

ここに「毎日一番多く御話ししている検事さん」つまり高木検事が、昨日からはそれまでとは違って、「一番親しい心の友」として写っているだろうというのである。しかも、この日まで眠れずに苦しんでいた平沢さんが、この日からは安眠できるようになったということが、留置場の記録に残されている。言い換えれば、平沢さんはこの時点で身も心も清めて、すっかり帝銀事件の犯人となった。

しかし、それでもなお平沢さんは事件の具体的な場面を語れない。そして、その「語れなさ」に、高木検事は最後まで向き合うことがないまま、上司である出射義夫検事に取調べを引き継ぎ、一連の自白が長大な調書にまとめ上げられ、一〇月一二日、平沢さんは起訴に持ち込まれていく。このころになると、平沢さんは胸を張って「私は帝銀犯人である」と豪語するようになっていた。

3 平沢貞通事件の謎

「私は帝銀犯人だ」

これまで平沢貞通さんの自白過程を見てきて分かるように、自白したはずの彼がその犯行筋書を語れない。その「語れなさ」は真犯人の「語りしぶり」と考えられるようなものではない。その意味で、彼は無実でしかありえない。このことは、その自白分析を終えた私のなかで、すでに疑いようのない結論としてある。しかし、そのうえで問題は、取調べが終わり、その場から解放されたはずの平沢貞通さんが、なお多くの人の前で胸を張って「私は帝銀犯人だ」と豪語し続けた事実である。この謎がなお解かれないままである。

平沢さんの弁護人を務めてきた山田義夫弁護士は、一九四八年一〇月九日に取調べが終わって一週間後、小菅の拘置所に移管された平沢さんを訪ねたときのことを、次のように語っている。

（平沢さんは）最初は「私は犯人でありません」と言った。「それにしても（検事の取調べに）細かい事を答えているじゃないか」という私に答えて、「教えられれば何でも答えられます」と言った。次いで「しかし私は今は結構たのしいのですよ。夜になると仏様が毎晩来て歌の遊びをしているのです。私はもう現し身でなくて仏身なのです。だからたのまれれば何にでもなりますよ、帝銀犯人にでも何にでもなりますよ」と言った。その瞬間たちまち彼は犯人になったらしい。眼を光らせて「私は帝銀犯人だ」と言った。

山田弁護士は、この異様な様子に、平沢さんはすっかりおかしくなっていると思って、それ以上話をするのをやめ、拘置所を後にした。そして、平沢さんはその時点からさらに一カ月余りを経て、一一月一八日頃に、まるで催眠術から醒めるようにして我に返ったのだという。翌年に当時著名な精神科医だった内村祐之・吉益脩三両氏による精神鑑定を受けた際、平沢さんは次のように述べている。

やっと催眠術から醒めたのです。その朝は、起きたとき体がフワフワして風船にでも乗った気持で、「ここは顔を洗うところかな、ここは何処かな、ああ小菅だ、小菅だ」といった具合で、夢現《ゆめうつつ》でした。そのうちに点検が来ましたが、今までの習慣で自然に坐っていました。食事の時には「今までこんな食事をしていたのか」と、いまさらのようになさけなくなりました。

平沢さんによれば、検事に催眠術をかけられ、すっかり帝銀犯人になって自白しはじめたのが九月二五、六日あたり、それからこの一一月一八日まで、二カ月近くも彼は催眠状態にあったというのである。

平沢さんの「催眠術」の謎

しかし、「催眠術」にかけられたという平沢さんのこの主張は、内村・吉益鑑定によって完全に否定される。そもそもそんな長期にわたる催眠は考えられないし、しかもその間に平沢さんは、一方で取調べに抵抗もし、山田弁護士の前ではときに否認さえしていて、催眠状況下でそのようなことはありえないというのである。そうしてこの鑑定によって、平沢さんの主張そのものが彼の自己弁護の嘘であると判定され、これが平沢さんへの裁判所の有罪判決を導く大きな要因となっていく。ただ、問題は平沢さんの言う「催眠術」を文字通りに医学的あるいは心理学的な意味のものと理解していいのかどうかである。そこのところで内村・吉益鑑定はいくつかの大きな間違いを犯した。

そもそも平沢さんが「催眠術」ということばで述べたのは、素人的に「催眠術にかかっていた」と表現する以外にないようなかたちで、自分のことを帝銀事件の犯人だと思い込んでいたという以上のものではない。それゆえ問題は、無実の人がそのような精神状態に陥ることがあるのかどうかである。この問題を考えるためには、そもそも虚偽自白という事態がどのようなものであるかを正確に知っておかなければならないのだが、精神鑑定を行った内村・吉益両氏は、じつのところ、虚偽自白という心理現象についてまったく無知であった。

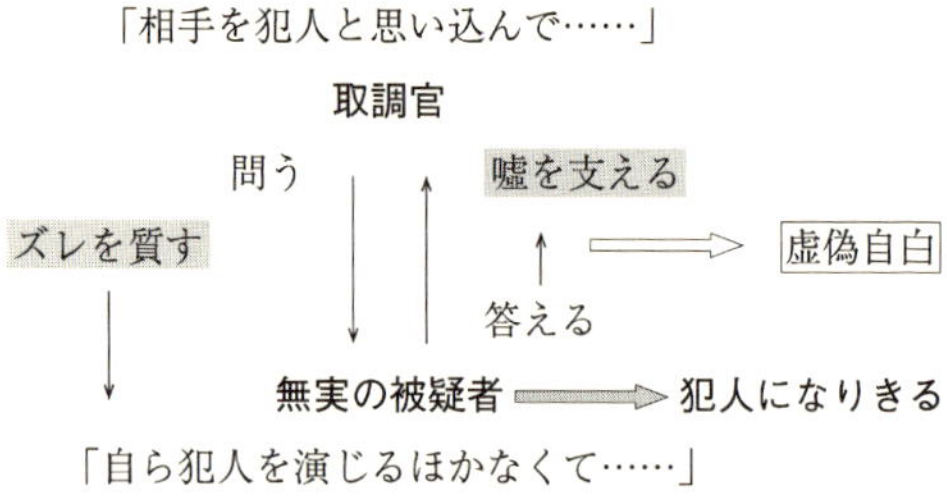

図5　虚偽自白を生み出す対話

虚偽自白においては、上の図5に示すように、取調官が無実の被疑者のことを「犯人と思い込んで」追及し、やがて抵抗できなくなった無実の被疑者が自分から「犯人を演じる」ほかなくなって、取調官の追及に合わせて犯行筋書をあれこれ想像して語る。しかも、その「嘘」を取調官は嘘として暴こうとせず、手持ちの証拠や情報と合致しないところは、その「ズレを質し」、合致する方向に自白を導いていくかたちで、むしろ「嘘を支える」。そうしたサイクルを経て虚偽自白が仕上がり、無実の被疑者がすっかり「犯人になりきる」。虚偽自白がそのようなものだと知っていれば、その延長上に平沢さんの言う「催眠状態」に陥る可能性も出てくる。

もちろん「犯人を演じる」から「犯人になりきる」までには、通常ならば越えることのない一線がある。つまり虚偽自白をして取調官の前ですっかり犯人として振る舞うようになっても、心の底には「ほんとうは犯人でない」という意識が残る。しかし、平沢さんの場合、加えてそこにコルサコフ症候群という脳障害の問題があった。内村・吉益鑑定も平沢さんに「脳疾患以後の性格として先ず顕著な現象は著しい虚言癖であって、しかもその虚言は空想性虚言症の範疇に入る」ことを認めている。そして、この空想性虚言症においては「嘘そのものが目的であって、利益はせいぜい二次的意義しか持たないものがある。すなわち自分が一役演じようとか、見栄を張ろうとか、人を驚かせようとして嘘をつくのがそれである。また最初は多少意識して虚言を言うが、この虚言がやがて自己暗示によって主観的な真実となり現実となるような場合もある。すなわち、この場合には他人ばかりでなく自己をも欺瞞することになる」と言う。とすれば、取調官によって迎え入れられるようにして「犯人になり」、「犯人を演じる」なかで、自ら「犯人になってしまい」そう思い込むことも十分にありうることになる。

ところが、内村・吉益鑑定はこのような判断にはいたらなかった。それはひとえに彼らが虚偽自白というものの本質を知らなかったからである。彼らは虚言者を上の図6の三つに分類し、平沢さんは空想性虚言症（B）に属するが、一方で純然たる虚言者（A）の傾向もあって、自己の不利益を避けるために嘘で否認して人を騙すことはあっても、自己を不利に追いやるような嘘の自白はしないだろうと判断してしまったのである。虚偽自白が取調官を騙すものではなく、むしろ逆に取調官から迎え入れられ、支えられるものであるというその実際を知っていれば、結論はまったく変わっていたはずである。

A　純然たる虚言者，欺瞞者（他人のみを欺く）
↑
B　空想性虚言症（他人ならびに自己を欺く）
↓
C　病的空想者（自己のみ欺く）

図6　3つのタイプの虚言者

コルサコフ症候群による記憶障害や作話症をもつ平沢さんが、虚偽自白に追いやられ、来る日も来る日も取調官の前で「犯人を演じる」ことを求められ、挙げ句に身も心も「犯人になってしまう」。そういうことが現実に起こることを示したこの過程こそは、いわば平沢さんを犠牲に行われた世紀の「大実験」

だったのである。平沢さんの「催眠術」の謎はここにあった。

帝銀事件の平沢貞通さんの自白を分析する作業を終えて、これを単行本として出版するかたちがほぼ出来上がったのが、二〇一五年の春。ちょうどこのころ、暗礁に乗り上げていた帝銀事件の再審請求が、あらためて続けられる見通しが開けてきた。

再審請求権は遺族に引き継がれる

先にも述べたように、平沢さんが九五歳で獄死したのは一九八七年。生前、それまで救援会活動の中心を担ってきたジャーナリストの森川哲郎さんの長男武彦さんが、平沢貞通さんと養子縁組を結び、貞通さんの死後は、その遺志を引き継いで新たに再審請求人となって、その後の二六年間、運動の先頭に立ってきた。その武彦さんも二〇一三年に亡くなり、それまで行われてきた第一九次再審請求は自動的に停止、新たに請求人が登場しないかぎり再審請求の道は閉ざされてしまう状況になっていた。

わが国では、再審請求権の引継ぎが直系遺族にしか認められない。そのために再審請求が途切れてしまった事件はこれまでにも数多くある。有名なところでは一九一〇年の大逆事件もその一つ。一九六〇年代に一度再審請求が行われたものの、その後、後を継ぐ者が絶えたことで、再審請求の道が断たれ、いまもなお新たな継承者を求める模索が続けられている。

帝銀事件では、平沢武彦さんが亡くなったあとも弁護団は解散せず、第二〇次再審請求の準備に入ったのだが、もちろんその前提として再審請求人を探し当てることが急務であった。平沢貞通さんには子どもが五人いた。しかし、先述のように、帝銀事件という大事件に巻き込まれたことで、平沢一家は世間から身を隠すようにして、ほとんど離散状態にあった。貞通さん自身、一家に被害が及ぶことを恐れて、妻とも離縁し、そのうえでその妻から陰ながらの支援を受けてきたという。森川哲郎さんの長男武彦さんが貞通さんの養子となって再審請求を引き継いだのは、そうした遺族の状況があったためにほかならない。そして、それから三〇年近くがたったいま、はたして平沢貞通さんの遺志を継ぐ遺族を見つけ出すことができるかどうか。はなはだ厳しいことは明らかだったが、ともあれこの難関を越えないかぎり道は開かれない。そこで弁護団は平沢貞通さんの孫、曾孫をたどって模索を続け、二〇一五年になってようやく新たな再審請求人が見つかり、マスコミにはいっさい顔を出さないという条件のもと、第二〇次再審請求を行う準備が整った。

敗戦後の混乱のなか銀行員ら一二名が毒殺されたという「帝銀事件」は、真犯人が見つからないいま、すでに迷宮入りして、歴史の彼方で閉じた事件だと言わなければならないが、しかし、無実であるにもかかわらず死刑の判決を受け、獄死したという平沢さんの事件は、なお何らかのかたちで解決されなければならない。この事件はまだ終わっていない。という以上に、終わってはならない。これはもはや「帝銀事件」ではなく、「平沢貞通事件」なのである。

4　自白的関係から脱け出す

取調べの場で見抜けるはずの虚偽

「私が私である」ことを、私たちはふだん疑うことがない。ところが、その私が「私でないもの」になってしまうことがある。虚偽自白に落ちて「犯人を演じる」ほかなくなった無実の人が、その演じる日々を重ねていくうちに、最後には「犯人になってしまう」。そういうことが現実に起こるのである。そのことを示したのが帝銀事件の平沢さんの例であった。それは、言ってみれば「虚偽自白の極北」とも言うべき現実である。

平沢さんの場合は、コルサコフ症候群という彼の障害が背景にあって、その意味では特異な例なのだが、虚偽自白の構図そのものは、他の冤罪事例も変わらない。現実の取調べにおいて、無実の人がその無実を保つことができるのは、周囲の人がその人に対して無実の人としてかかわり続けているからであって、たとえ無実の人であっても、周囲の人々がみな彼に対して徹底して真犯人としてかかわり続ければ、やがて苦しくなって自白に落ち、自ら犯人を演じざるをえない状況に追い込まれる。虚偽自白とは、拷問の苦痛にさらされて一瞬だけ口を割るというようなものではない。自分のことを犯人だと思い込み、決めつける取調官たちに囲まれ、その関係を強いられるなかで、やがて自らが犯人であることを引き受け、犯人に扮する。取調官たちとのあいだに、いわば「自白的関係」を結び、そこにはまり込んでしまうのである。裏返して言えば、その一方には、無実の人を真犯人と思い込み、その人を落としたうえで、自分たちの人間関係のなかに抱き込もうとする取調官がいる。ここで取調官が、ひょっとして自分たちは「無実の被疑者に自白的関係を強要しているのではないか」と疑えば、その虚偽自白の虚偽性は簡単に暴かれて、その自白的関係はただちに壊れてしまうはずなのだが、取調官たちはいったん自白に落とした被疑者を簡単に手放そうとはしない。

古くから冤罪ではないかと訴えられてきた狭山事件、袴田事件について、ここ最近になって、取調べ時の録音テープが開示された。いずれも一九六〇年代の事件であるから、ほとんど半世紀ぶりの証拠開示である。半世紀ものあいだ証拠が隠されてきたのである。なんとも恐ろしいことである。その録音テープの分析をしてみて思うのは、これほどに無実であることが明らかな被疑者を、取調官はどうして犯人と思い続けることができたのかということである。犯行を自白したはずの被疑者が、犯行の実際をまったく語れない。それに、何かを語ろうとしたときには、収集された証拠とまったく違うことを語ってしまって、被疑者が事件を知らないことが完全に露呈する。そういう場面に直面しても、取調官たちはなお被疑者が無実かもしれないと疑うそぶりをいっさい見せず、その「無知の暴露」をむしろなんとか取り繕おうとする。

たとえば、狭山事件の石川一雄さんは、自白後、被害者の鞄を山中に捨てたと認めながら、その場所を図面で示すことを求められて、じつは鞄とそのなかの教科書・ノート類が別々に捨てられていたことを知らないことが露呈する。そのことが録音テープ上にはっきりと記録されている。その場に立ち会った取調官が「えっ！」と思ってしかるべきところである。ところが、取調官たちは何の指摘もせず、これをやり過ごしている。あるいは、殺害されて農道に埋められた被害者Y子のことを供述しなければならない場面に立ちいたったとき、石川さんは取調官に向けて「Y子ちゃんはどうなっていたんべい。それを教えてくれれば分かるんだ」と洩らしている。犯人ならば知らないはずがない死体の遺棄状況を、彼は知らなかったのである。取調官たちは、石川さんのこの無知の事実に直面してなお、彼が犯人であることを疑おうとしない。被疑者が犯人であることを大前提に、何があっても「ひょっとして無実かもしれない」とは考えない。それはおよそ信じがたいことである。しかし、それが取調べの現実なのだ（この狭山事件の録音テープ分析は、二〇一四年に『虚偽自白はこうしてつくられる』〔現代人文社〕という本にまとめて刊行している）。

自白的関係からの脱出の難しさ

取調官は被疑者を犯人だと思い込み、自白に落ちた被疑者はその取調官の前で犯人を演じる。そして、その演技がどれほど拙くても、取調官がそれを疑うことはない。そうした自白的関係が長く続けば、平沢さんのように単に演じるレベルを越えて、自ら「犯人だと思い込む」ところにまでいたってしまうことすらある。たしかに、そこまでいくのは例外的なことかもしれないが、一方で、その自白的関係からなかなか抜け出せないままに、裁判になってもなお公判廷で犯人を演じ続ける事例は少なからずある。狭山事件もそうだった。

石川さんは平沢さんのように、自白後、自分が犯人だと錯覚したことはない。しかし、法廷段階にいたっても、自白を撤回することなく、犯人を演じ続け、結果的に第一審は死刑判決を受けた。石川さんが自白を撤回したのは、その後の控訴審になってからで、そこからようやく冤罪を争う裁判がはじまったのである。わずか九カ月の期間だったとはいえ、第一審でそうして自白を維持したことが、その後の裁判闘争、再審請求闘争のネックとなっていく。警察・検察の取調べはともかくとして、法廷で裁判官を前にしてまで自白したとなると、その心理が容易には理解しがたいからである。

法廷での自白維持が問題になったケースは、狭山事件に限らない。先述した氷見事件の柳原さんは、裁判で自白維持したばかりか、判決を受けて控訴もせず、服役した後に真犯人が現れたことで再審となった。あるいは、これもまたしばしば言及した足利事件の菅家さんの場合も、裁判後なお自白を維持し、撤回したのは初公判から一〇カ月後、しかもその直後に弁護人の説得を受けて再度自白に転じ、はっきりと否認を主張できるようになったのは、さらに半年たってからである。狭山事件の石川さんよりも長く公判廷での自白維持を続けたことになる。

一般には、法廷こそ任意に供述できる場であって、そこには自白を迫る何の圧力もないのだから、無実の人ならばかならず否認して無実を主張するはずだと思われている。取調べの場での虚偽自白でさえ、一般には理解されにくいのに、まして法廷での自白となると理解がさらに難しい。しかし、虚偽自白はただ圧力に屈して一時しのぎにやってしまうものではなく、じつのところ、繰り返し述べてきたように、取調官との関係のなかで生み出され保持されるもの。そう考えることでようやく法廷での自白も理解が可能になる。

足利事件の菅家さんの場合、DNA鑑定で疑われ、任意同行一日目で自白に落ち、その直後から詳細な自白調書を膨大に取られていた。その状況から、菅家さんは無実かもしれないと考えた人は皆無であった。依頼を受けた弁護士でさえも、菅家さんが犯人であることは争えないとして、早々に容疑を認め、情状でもって何とか死刑だけは免れさせようと考えていた。また菅家さんの家族も、身内から幼女わいせつ殺人というとんでもない犯罪をおかした人間を出してしまったということで、マスコミが大騒ぎするなか、地域のなかで小さくなって耐えるしかない立場にあって、菅家さんを支援するどころではなかった。そうしてみれば、菅家さんは当時、自分のことを信じてくれる人が誰一人いないまま、まさに孤立無援のなかで裁判を迎えたのである。しかも、つい先日まで取調べの場で自分から自白を聴取してきた当の取調官たちが、傍聴席に座って自分のことを見張っているのではないかという不安を拭えないでいた。

せめて弁護士は信じてくれている、家族だけは分かってくれている、そう思えていればともかく、誰も自分のことを信じてくれないという状況のなか、一人で自分の無実を主張するのは至難のこと。菅家さんは裁判所の被告人席に座ってなお、取調べ段階の「自白的関係」から脱け出す出口を見出せないところにいたのである。菅家さんがそこを脱け出せたのは、裁判がはじまって一年以上もたって、この事件に疑問をもった足利市の一市民から面会を受けて、「あなたがほんとうにやったのなら、ちゃんと刑を務め、罪を償わなければならないけれども、もしやっていないのなら、ちゃんとほんとうのことを言わなければ」と諭されたのがきっかけだったという。菅家さんにとっては、たった一人であれ、自分を信じてくれる人がいると思えたことが、それまでの自白的関係を脱けて、否認に転じる力となったのである。

「自白を離れた」立証に潜む問題性

自白的関係に囚われたとき、その被疑者・被告人が自分一人の力でそこを脱け出し、無実を主張するのは難しい。それればかりではない。自白的関係を構成するもう一方の取調官、そして検察官、裁判官、あるいは弁護人でさえも、そこから脱け出そうとする視点を明確にもちえないかぎり、虚偽自白の虚偽性を簡単に見逃してしまう。

「自白は証拠の王」と言われる。自白があるというだけで、多くの人は、やはり犯人ではないかと簡単に思ってしまう。だからこそ逆に、法の上では「被告人は、公判廷における自白であると否とを問わず、その自白が自己に不利益な唯一の証拠である場合には、有罪とされない」と決められている。つまり、自白以外にそれを支持する補強証拠がほかになければ、それだけで有罪判決を下すことができないことになっている。

ところが、虚偽自白の実態を考えたとき、この自白の補強法則と呼ばれるルールはかならずしも有効だとは言えない。というのも、虚偽自白とは、取調べの場で追い詰められ犯人を演じる以外になくなった被疑者が、種々の証拠を入手している取調官の追及に合わせて、あれこれ想像をめぐらして語るものであって、その結果として調書に録取される自白には、おのずと捜査側の入手した客観的証拠と合致する中身が含まれることになるからである。逆に客観的証拠と合致しないような中身の自白は、取調官によってあらかじめ排除される。その意味で補強証拠を含まない自白などというものは、そもそも事実上ありえないと言ってよい。この問題が、じつは法の世界ではほとんど論じられていない。

法の世界では、自白に頼る事実認定に陥ることなく、「自白を離れて」有罪立証が尽くされているかどうかで判断しなければならないといった議論がさかんになされる。しかし、捜査段階の自白が法廷に証拠として提出されている事件については、現実問題としてこれが容易ではない。任意性の視点から自白の証拠能力を争い、信用性の視点から自白の証明力を減殺するというかたちで、「自白をつぶす」、そういう方向での弁護活動が法の世界では正論なのだが、一方でそのことによって「自白が無実を証明する」という論点を排除してしまっていることも知っておかなければならない。自白の虚偽は当の被告人の無実性を示す。そういうかたちでむしろ「自白に密着して」自白を生かすことも可能なのである。

5　寡黙な物証と饒舌な自白

証拠の弱い事件ほど崩れにくいという逆説

私は冤罪主張の事件にかかわって、「自白の虚偽」を暴く仕事を、もう何十年もやってきた。しかし、現実の裁判を動かすことができたという実感がもてた事件は、残念ながら、ほとんどない。それは私の力がまだ不十分なせいもあるだろうが、どうもそれだけではない。問題は、自白という証拠が刑事裁判のなかで占める位置の曖昧さ、奇妙さにある。

「自白は証拠の王」と言われるほど、人々の有罪心証を強く左右する。自白は、数ある証拠のなかでも「主」の位置にある。そう思ってしまうのは人間の素朴な心理であり、また専門家である裁判官や検察官、あるいは弁護士ですら免れがたい心理である。しかし、そうでありながら、一方でその自白の危険性も知られていて、だからこそ、法的に「自白を補強する証拠」が他になければ有罪にはできないという制約がかけられ、「自白を離れて」の立証が尽くされているかどうかが問題になる。その意味で、少なくとも理論上、自白は証拠構造のなかで「主」でなく「従」の位置に立つべきものであって、「主」の位置に立つのは自白以外の証拠、とりわけ物的証拠であることが望ましい。それは法の理念のうえでは当然のこと。自白が証拠の王であってはならないのである。ところが、まさにそこのところに奇妙なねじれが生じる。

私がかかわってきた事件の多くは、捜査段階で自白し、その後の裁判で自白を撤回して争い、それでも認められずに有罪確定後なお再審請求を闘っているような事件である。これまで紹介してきた帝銀事件、名張毒ぶどう酒事件、狭山事件、袴田事件、日野町事件など、いずれもこじれにこじれて、いまも再審闘争の渦中にある。この闘いの中心は、これまで有罪証拠とされてきた物的証拠をいかにつぶすかというところに置かれる。有罪立証の「主」たる軸が物証である以上、そこをつぶさない限り再審の扉は開かれない。

じっさい、先にも述べたように、足利事件で再審が開始され無罪となったのは、被害女児の衣服についた体液のＤＮＡ型が請求人である菅家さんのＤＮＡ型と一致するという物的証拠に間違いがあることが判明したからであるし、袴田事件で再審開始決定が出たのも、袴田さんが犯行時に着ていたとされる衣類に付着した血液のＤＮＡ型が被害者たちのそれと合致しないとの鑑定が認められたからである。その他の再審無罪事件もみな、それまで決定的とされた物証に合理的疑いが生じたことが、その無罪への反転の決め手となっている。このように有罪の決め手になる決定的な物証がある場合には、そこがつぶれることで無罪方向に反転する。ところが、そうした決め手となる物証がなく、曖昧な状況証拠がいくつも積み上げられているような、いわば「証拠の弱い」事件で有罪が確定してしまえば、これを崩すことが非常に難しくなる。弱い証拠をいくつも重ねていれば、証拠の一つをつぶしても、それだけでは決定打にはならず、まだこちらの証拠があるではないかというふうに、まるでもぐら叩きのようになって崩れない。そこでは、結局、自白が背後で有罪心証を支えつづけるのである。

事件発生から数えて四〇年も五〇年もかかって、なお再審請求が繰り返され、紆余曲折を経ている事件を見ると、多くの人はよほど難しい事件なのだろうと思われるかもしれない。あるいは、裁判所がこれだけ繰り返し再審請求を拒否するのだから、やはり弁護側が無理を言っているのだろうと思う人もいるかもしれない。しかし、その弁護活動の渦中に身を置いてきた私自身の目から見れば、この長期に及ぶ紆余曲折ほどまがまがしく恐ろしいものはない。

ＤＮＡ鑑定のような決定的な証拠によって有罪となっているような事件は、それをつぶせばすべてが崩れる。しかし、弱い証拠を重ねて有罪判決が下されている怪しい事件ほど、それを崩すのが難しい。あれこれの有罪証拠の問題を指摘し、新たな鑑定を提出して、それなりにそれぞれの証拠をつぶしても、自白が根っこですべての弱い証拠を支えてしまうからである。結局は、自白が陰の「主」なのである。

「物証を離れて」、自白のなかに無実の証を見る

再審の闘いは、多くの場合、自白以外の証拠をつぶすことで、証拠としての自白の力をできるかぎり減殺することにあると思われている。しかし、多少の減殺では再審が認められることはない。それが日本の刑事裁判の現実である。そのことは裁判員裁判の時代になっても変わらない。

思えば、物証は寡黙である。しかし、その周辺の脈絡が豊富に提供されて、その位置づけが明確であれば、物証ほど雄弁なものはない。ＤＮＡ鑑定なども、その試料採取と保存が確実になされていて、

それが事件の脈絡に正確に位置づけられていれば、それは有罪に向けても、無罪に向けても決定的証拠になりうる。物証はそれ自体寡黙でも、条件さえそろえば、有罪―無罪のどちらに向けても雄弁なのである。

それに比して自白はじつに饒舌である。そして、それを漫然と聞けば、これもまたまことに雄弁である。しかし、それは有罪方向に向けてのみ雄弁で、そこに無実の可能性があっても、その饒舌でもって覆い隠す。そのため、後に当人が思い直して否認に転じても、それなら無実なのにどうしてあれだけの自白を語ることができたのだと、周囲が簡単には納得しない。それだけに饒舌な自白は危険である。しかし逆に、自白が虚偽であるとき、それが饒舌であればあるほど、襤褸《ぼろ》が出る。どれほど取調官からの支えがあっても、無実の人が犯人を演じきることは難しいからである。その饒舌なことばの山のなかには、無実者のことばでしかない痕跡がいくつも刻まれている。私がこれまで供述分析で注目してきたのはこの点である。

裁判実務のうえでは、通常、自白は有罪の証拠でしかない。だからこそ、自白以外の証拠から自白の力をいかに減殺するかが、弁護活動の課題であるかのように思われてきた。しかし、取調べの結果として提示された自白を、「取調室における取調官と被疑者とのやりとりの記録」として、一つのニュートラルなデータと見れば、それは一見有罪方向の証拠でしかないように見えても、そこに供述分析のメスを入れたとき、無実方向の証拠にもなりうる。つまり、自白で語られたことばの山のなかには、およそ犯行の体験者ならば語ることのありえない内容が含まれているからである。そう考えるからこそ、私はこれまで問題の自白をあくまでデータとして捉え、これを真の犯人が語ったのか（有罪仮説）、それとも無実の人が犯人になったつもりで語ったのか（無実仮説）の対立仮説を立てて、そのいずれの仮説がよりよく自白データを説明するのかという観点から分析を行ってきた。そして、この供述分析によれば、自白が当の自白者の無実を証明することもありうるのである。

ただ、こうした方法は、これまでの裁判実務における自白の任意性・信用性判断と、その分析の枠組が異なるために、なかなか受け入れられてこなかった。名張毒ぶどう酒事件の第七次再審請求の異議審の段階で奥西さんの自白の鑑定を求められたときも、私は、この供述分析の視点から分析して、その自白が無実者のそれでしかないとの結論を得て、これを裁判所に提出した。しかし、裁判官たちからはやはり受け入れられなかった。

法実務の世界では「自白を離れた」立証が強調され、物証の重さが説かれる。それはもちろんその通りである。しかし、私はいま、それとはまったく逆に、饒舌な自白データを前にして、「物証を離れ」「自白に密着した」ところで、自白それ自体による無実の立証ができると言おうとしている。

第7章　もう一つの虚偽自白
——真犯人もまた虚偽の自白に落ちる

1　真犯人の虚偽自白

これまでは、問題となった犯行を「やっていない」といういわゆる冤罪主張の事件を取り上げ、無実でありながら虚偽自白に陥ってしまう事例に焦点を当てて話してきた。しかし、私のもとに舞い込んでくる事件のなかには、実際に自ら犯罪行為を行ったこと自体は認めながら、しかし、取調べの場で現実の犯行以上のことを自白させられたと訴える事例がいくつかある。それは「無実者の虚偽自白」ではなく、言ってみれば「真犯人の虚偽自白」である。

光市母子殺し事件

私が出会った最初の大きな事例は、山口県光市の母子殺し事件である。一九九九年の四月、高校を卒業して水道整備会社に就職したばかりの少年Aが、仕事をさぼり、自宅近所の社宅を訪ねて二三歳の母親を殺害し、のち死後姦淫をして、さらには一歳にも満たない赤ちゃんを殺害し、死体を押し入れに隠したという事件である。その陰惨で残虐な犯行に世間は恐れおののき、極刑に処してもらわねば収まらないという被害者の夫Mさんの悲痛な訴えに多くの人が心動かされ、当初、地裁、高裁では無期懲役の判決であったものが、最高裁で高裁に差し戻され、最終的に死刑が確定した。ただ、この事件についてもまた、事実の認定に間違いがあるとして、いま再審請求がなされている。

この事件の場合、いわゆる冤罪事件と違って、捜査そのものは難航することなく、少年Aはすぐに容疑の線上に上がった。というのも、近隣からの聞き込みで、事件の直前に、少年Aが会社の制服を着たまま、被害者宅以外にも七、八軒訪問して、会社名を名乗り「排水の検査に来ました」などと声を掛けていたことが分かったからである。事件から四日後、少年Aは警察に任意同行を求められたとき、すぐに自らの犯行を認め、その後もその犯行自体は一度も否認していない。少年Aが本件犯行を行ったことは間違いない。しかし、問題は、この犯行が最初から強姦・殺人をねらった計画的なものだったかどうかである。

少年Aは、当初、この事件が偶発的なもので、計画的ではなかったと主張したという。ところが、そのことは家庭裁判所の記録に断片的に記されているだけで、警察・検察の供述調書には明示的なかたちで記録されず、公判での供述においても、最初から強姦の意図があり計画的だったと認める内容が記録されている。弁護人もまた、少年が犯行時一八歳一カ月で、少年法上死刑が許容されるギリギリの年齢だったことから、むしろ情状弁護に力を入れて、死刑を回避することを目指し、計画性の問題を正面から争わなかった。そして、じっさい、地裁、高裁はいずれも無期懲役の判決を下し、通常の事件ならばこれで終結するものと思われた。

ところが、その後、極刑を求める被害者の夫Mさんの声がマスコミでますます大きく取り上げられるなか、最高裁は、それまでの無期懲役判決を見直す方向に動き出した。驚いた弁護側も、新たに強力な弁護人を加えて事件の再検討を行い、そうして捜査段階初期からの事実認定そのものを争う姿勢を示すことになったのである。少年Aは、そこから、あらためて本件が偶発的なものであったことを主張することになる。ところが、世間の目には、このことが当初の供述を都合よく変更するものであるように見えた。そのために、少年Aもこれを弁護する弁護人も、世間から激しいバッシングを受けることになる。私が弁護側から少年Aの自白について供述分析を求められたのは、この段階のことである。

真犯人の自白に紛れ込む虚偽

逮捕後の少年Aの供述過程を追うなかで、私の目に見えてきたのは、取調官たちが少年Aの犯行の事実をそのありのまま、できるだけ正確に聴取しようとするというより、むしろこの許されざる犯罪を厳しく罰するべく、犯行の事実をできるかぎり重く取ろうとする姿勢であった。

たしかに、この光市事件は、結果そのものを見れば、およそ残酷で許しがたい犯罪である。しかし、結果がいかに残酷であっても、それが意図的かつ計画的に目論んだ、最初から残酷なものだったとは限らない。目の前に与えられた結果から、そこにいたる過程を究明しようとするとき、その真実は、見かけの結果より重い方向にあることもあれば、逆により軽い方向にあることもありうる。じっさい、ほんの些細な過程からとんでもない結果にいたることがあって、過程と結果はかならずしも釣り合わない。ところが、取調官たちは、結果が重ければ、それだけ過程をも重い方向に取ろうとする。たとえば、被疑者が最初からそういうつもりはなかった、偶発的な要因が重なってこうなってしまったと弁明すれば、取調官はそれを被疑者の言い逃れと考えて、これだけのことをやっておきながらいまさら言い訳はよせ、最初から強姦しようとしていたのだろう、そのために計画し準備したはずだと言って追及する。もちろん、被疑者のこの弁明が実際に自分の責任を不当に軽くしようとする言い逃れであることもありうる。しかし、逆に、被疑者が文字通り自分の真実を正しく述べていることも十分にありうる。

少年Aは、中学二年生のときに、父親のDVで苦しんだ母親が首をくくって自殺し、その現場も見てしまうという外傷的な体験から、その後もまったく未熟なままに育ち、一八歳で高校を卒業した時点でもなおきわめて幼いところを残した少年だった。その彼が、就職したての水道整備会社の仕事になじめず、事件の日には会社をさぼって、自分の自宅のすぐ近くを、制服を着たまま、会社名も告げて、まるでピンポンダッシュする子どものように、「排水の検査に来ました」と言って訪ね歩き、そこでたまたま中に入って調べてくださいと言われた家が、被害者の家であった。少年Aはどぎまぎしながら上がり込んで、被害者に優しく対応されるなかで、この陰惨な事件を引き起こしてしまう。少年Aがそのように語ったとき、取調官たちはこの弁明を言い逃れだとして認めず、最初から若い女性を狙っていたのだろう、計画していたのだろうと追及した。

その追及に対して、少年Ａの側も自分がとんでもないことをやってしまったという負い目があって、抵抗できない。彼は早々に自分の弁明を言い通す気力を失って、取調官たちの想定に飲み込まれ、最初から強姦を計画していたという供述を調書に取られていく。その挙げ句、「殺してでも強姦したかった」などという、まるでモンスターのような行動を認める供述まで記録されている。しかし、少年Ａはおよそそのような異常性欲の持主ではない。それまで異性との性的な経験はもとより、異性との交遊すらまともにない子どもだった。その彼がまるで死姦すら意図していたかのような話を、取調べ警察官は少年Ａの供述として調書に書き残したのである。ただ、さすがに検察官はそれを行き過ぎと思ったのか、裁判での主張に盛り込むことはなかった。

事実認定と責任追及の手続き二分論

結果が重大であれば、もちろん、それだけ責任も重大である。しかし、結果が重大だからと言って、そこにいたる過程もそれに比例して重大だとは限らない。そこに思いがけない過失や偶発が働くことは、誰もが日常的によく知っている。ところが、重大な結果をもたらした事件を目の前にしたとき、人はとかくその結果の重大さに見合うだけの過程を想定して、犯行者の責任を追及しがちになる。問題は、結果にいたる過程がどのようなものであったかという「事実認定」と、結果の重大性に見合った責任を求める「責任追及」とが区別されず、取調べのなかに入り混じってしまうことである。

事件の捜査は、ほんらい、事実の認定を目指すものであり、責任の追及は、裁判においてその事実の認定が確認されたのちにはじめて、量刑判断の手続きのなかで考慮されるべきものである。つまり、事実認定と責任追及（量刑判断）は、そもそも手続きとしてはっきり区別されなければならない。この手続き二分論は法の理念として当然のことで、だからこそ英米の陪審裁判では、有罪―無罪の事実認定のみを陪審に委ね、その後の量刑判断は裁判官が行うというかたちで、手続きをはっきり二分している。

しかし、人間の心理はこの二つをうまく区別できない。たとえば、まだ犯人だとは確定していない被疑者に対しても、容疑が濃厚だというだけで、多くの人は責任追及の気持ちを抑えられない。これまで何度も話題にしてきた足利事件でも、菅家さんがＤＮＡ鑑定で犯人らしいとなったとき、任意同行に赴いた警察官は、菅家さんに被害者の女児の写真を突きつけて「これに謝れ」と謝罪を求めたという。こうした謝罪追求型の取調べが日本の刑事捜査の典型的特徴だと喝破したのはアメリカの社会学者であるが（W・L・エイムズ『日本警察の生態学』（後藤孝典訳）、勁草書房、一九八五年）、おそらくこれは日本人に限らずあらゆる人間につきまとう心性である。とんでもない犯罪事件の容疑者として捕まった人物を目の前にしたとき、人は、「この容疑者が犯人かどうかはっきりしてから怒りをぶつけましょう」というふうに、事を整理して臨むことができない。あの残忍な事件の犯人らしいというところで、すでに怒りの感情が湧き上がり、拳を振り上げ、謝罪を求める。事実がはっきり分かってから怒りましょうということにはならないのである。

謝罪を追求するということは、当然、有罪が前提である。つまり有罪という事実認定が先走って、そこを前提に、追及が重ねられ、そうして足利事件の菅家さんのように、その追及に屈して虚偽の自白に落ちるものが出てくる。謝罪追求が誤った事実認定を導くという奇妙なことが起こるのである。同じことは真犯人の取調べでも起こる。

光市事件の少年Aもまた、その同じ構図のなかに置かれた可能性が高い。ちょっとした遊び心ではじめたいたずらから、偶発的な要因が重なって、とんでもないことをやってしまった。その事実を正直に語っても、取調官からは、それは責任逃れだ、ちゃんと反省して謝罪すべきだと追及される。この厳しい謝罪追求に対して、少年Aはとんでもない犯罪行為をやってしまった負い目のなかにあって、抵抗できない。取調官の側でも冷静に考えれば、こうしたことが起こりうることを警戒することができたはずだが、残酷な犯罪の結果を前にして、取調官はすでに拳を振り上げている。冷静に事実の認定を行って、そのうえで謝罪を求め、責任を問うという、この手続きの二分が、人間の心理にとっては難しいのである。

このように見てきたとき、無実の人が虚偽自白に落ちていくときの構図が、じつは真犯人の虚偽自白をも引き出しかねないことに気づく。そのような目で見たとき、光市母子殺し事件もまた「もう一つのタイプの冤罪」である可能性が出てくる。

2 「モンスター」になった少年

刑事裁判における「納得」

犯罪行為はもちろん許されない。それゆえ、犯罪行為があれば、それにふさわしい刑罰が科されなければならない。しかし、近年、その刑罰が加害者に対する単なる処罰や懲罰で終わってはならないという考え方が、刑事司法の世界で芽生えはじめている。たとえば、犯罪行為を行った者に対して刑罰が与えられ、その後の処遇が適切にほどこされることによって、被害者あるいは被害者遺族が納得し、同時に裁かれた当の被告人もまた納得できたとき、そこではじめて裁判は閉じ、そこから被告人の更生への道がスタートする。そういう考え方である。刑罰を犯罪に対する単なる応報と考えるのではなく、加害者と被害者の両者のたがいの納得によって、相互の関係が修復されることを目指し、被告人の真の更生を促すというのである。この理念が、いまは「修復的司法」と呼ばれている。

もし、こうした司法のかたちが可能であれば、それ自体、これからの刑事司法の向かうべき方向性として重要な意味をもつと思われる。しかし、その実現は容易ではない。実際のところ、理念としてはともかく、その相互の「納得」が成り立つのは簡単でない。とりわけ光市母子殺し事件などのように、残酷な結果をもたらした死刑求刑事件の場合、被害者遺族は恨み骨髄の思いのなか、極刑をもってしてもなお足りないという怨念にとらわれている。その気持ちは誰にも理解できる。とすれば、そこに「納得」という理念を持ちだすのは容易ではないし、死刑の問題については、これとはまた別の次元で議論しなければならない論点が多々ある。それゆえ、この点はここでは議論を留保しておくとして、ただ、そのうえで、少なくとも加害者である被疑者・被告人の側の納得の問題については、ここで考えておく必要がある。

「生の僕を見てほしい」

光市母子殺し事件では、あらためて事実の認定が争われはじめた最高裁段階から、弁護団は、量刑として死刑判決を回避することを目標に弁護活動を行うことになったが、問題は死刑という量刑判断に集約できるものでなかった。少年A自身もまた、死刑を回避したいという以上に、自分の行った行為をその事実の通りに見てほしいという思いの方が根本にあった。彼の行った犯行は、結果から見る限り、きわめて陰惨で、許せるものではない。ことばにして語るのもはばかられるほどおぞましいという人も多い。それは、およそ普通の人間が起こしたものとは思えない、いや思いたくない、むしろ人間を超えたモンスターの所業だとでも思わなければ納得できない、という人も少なからずいる。

たしかに、事件を外から眺める限り、そうした事件像を打ち消すのは難しい。しかし、同時にたしかなことは、事件をその渦中から生きた少年Aがいたということである。この少年Aは事件にいたるまでどのような現実を生きてきたのか。その少年Aの側から見たとき、陰惨きわまりない事件の背後に、およそモンスターとはほど遠い、浅薄で、しかし悲惨な少年の姿が浮かび上がってくる。事件後、その現実をもっとも厳しく突きつけられたのが当の少年A自身だったはずである。そのことを正面から見つめることなく、ただ外形的な事件像だけでこれを納得することは許されない。

事件から一〇年近くたった広島高裁の差し戻し審第一〇回公判で、少年Aは弁護人の質問に答えて、次のようなやりとりをしている。

弁護人　今回の裁判で語るのは最後だからね、君が思っていることを言ってほしいんだけれども、被害者の方との関係で、生きて君は何をしたい。被害者遺族の方もそうだ、君は生きて何をしたい。

少年A　……まだ見つかっておりません。だから、見つける必要があります。

弁護人　君が、被害者遺族の方に、我々弁護団を通じて手紙を送っているというのは知っているね。

少年A　はい。

弁護人　それを、見ていただいていると思っているか。

少年A　……いえ、思いません。

弁護人　君は、被害者遺族の方に、生きて何をしたいの。

少年A　まずは会いたいです。会えるような自分を目指したいです。

弁護人　どこで会いたい。

少年A　できたらでよろしいのですけれども、できたら拘置所でお会いしたいです。それをまた転機にして、僕は、もっともっと力強くなっていきたいです。

弁護人　大変ずうずうしいことを前提に君は語っているというのは分かっているな。
少年Ａ　分かっております。
弁護人　でも、君は、Ｍさん（被害女性の夫であり被害児の父）たちに会いたいということなんだな。
少年Ａ　僕にはＭさんが必要なのです。
弁護人　君は会って、まず、何を見てもらいたい。
少年Ａ　僕自身を見てもらいたいです。生の僕を見てほしいです。僕自身に会って判断してほしいです。
弁護人　この法廷で見られている姿は、君自身の姿じゃないのか。
少年Ａ　見ておられておりません。Ｍさんの中に作っているモンスターのような僕自身を彼は見ていると思います。僕自身を見てほしいのです。ここでも見てもらえませんでした。
弁護人　見てもらいたいの。
少年Ａ　はい。

少年Ａは、自分が被害者遺族たちから「モンスター」として見られているけれども、できれば「僕自身を見てもらいたいです。生の僕を見てほしいです」と訴えている。

何の罪もない被害者を自分の手で殺してしまった。その事実を前にして、自分に罪があることは明らかで、重罪を科せられるのはやむをえない。死刑さえも当然だと思う。しかし、そのもととなった事実の認定が間違っていて、自分が「モンスター」であるかのように決めつけられ、被害者遺族にもそう思われている。そのことが彼には納得できない。「人間として」死刑になるのならともかく、「モンスターとして」死刑になるのは耐えられない。少年Aの思いはそこにあった。

取調べの場で実像が歪められる理由

この事件の捜査に携わった警察官・検察官をはじめ、本件裁判にかかわった人々の多くは、犯行結果の残忍さのゆえに、少年Aのなかに、ほとんど異常というしかない「モンスター」を見ようとしてきた。そして現に、捜査段階の供述調書には「モンスター」の所業としか思えない犯行が記録されている。しかし、その「モンスター」は、じつのところ、残忍な犯罪結果から逆行的に投影した虚像でしかなかったのではないか。私はこの事件の供述分析の結果として、この結論を避けることができなかった。では、この「モンスター」像はどのようにして作られてきたのか。

取調室での供述聴取は、図7に見るように、被疑者と取調官との相互作用の過程である。ここで供述聴取を行う取調官は、問題となる事件に関してまったくの白紙で臨むわけではなく、収集ずみの諸証拠に拠りながら、事件にかかわる一定の想定や推測をもつのが当然で、そのうえで被疑者から事件についての供述を得ようとする。結果として、取調官の想定や推測が被疑者への質問や尋問のなかに反映することは避けがたい。もちろん、それによって正確な供述が導かれることもあるが、被疑者が取調官の想定や推測に抵抗できずに迎合したり、暗示を受けたりして、自分の体験記憶とは異なる供述を行ってしまうということもしばしば起こる。

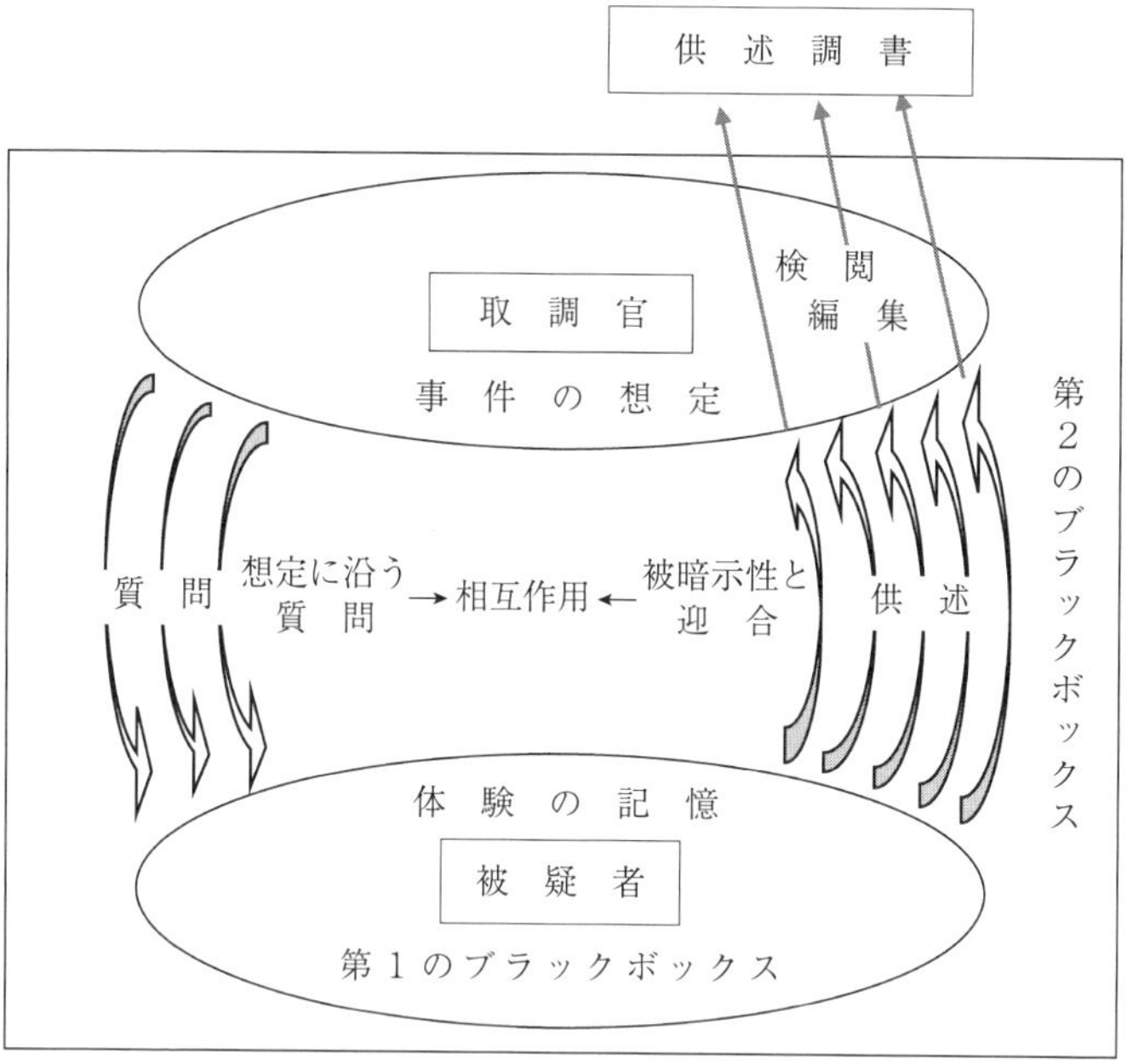

図７　取調室というブラックボックスのなかの対話

それればかりではない。わが国の刑事捜査においては、聴取した供述内容を、取調官の側が文章化して供述調書を作成する。そこでは取調官が、意識的、無意識的に、当初の想定や推測に沿った供述を拾い上げ、それに沿わない供述はとかく看過し、あるいは無視する。結果として、被疑者と取調官との相互作用という域を超えてしまうようなことにもなる。つまり取調官は、自分たちの捜査によって得た想定を前提にして、それに合うもののみを調書に書き込み、合わない供述は、被疑者がどれほど強く主張しても、これを受け入れず、調書には書き込まないというようなことが起こってくる。そこにあるのは被疑者と取調官との対等な相互作用ではなく、取調べを仕切る取調官の側の一方的な「編集」であり、ときに「検閲」だとさえ言える。そうした歪曲作用が取調べの場には生じかねないのである。

この図7で「ブラックボックス」と記しているのは、外から見えない過程を指す。そのうちの「第一のブラックボックス」は、被疑者自身の「心のうち」で、そこにある体験の記憶は、突き詰めて言えば、本人にしか分からない。だからこそ取調べにおいてこれをことばにして聴き出そうとする。これはやむをえない。一方、その聴き取りの過程は、録音・録画すれば、外部の人間もあとでこれを知ることができる。しかし、わが国の刑事手続きでは、これまでそうした可視化の手立てが取られず、それが「第二のブラックボックス」になって、取調べの結果を記録した供述調書だけが私たちに与えられる。そして、この第二のブラックボックスのなかで取調官の編集作用や検閲作用が強く働けば、そこに大きな歪みが生まれることにもなる。じっさい、光市母子殺し事件では、取調官が陰惨な罪過を憎んでモンスターのような犯人像を描いたことで、性的経験もない未熟な少年Aが、その場のなかで、死姦さえも辞さないモンスターに変貌した。少年Aはこれを「納得」できなかったし、そのことによって事件そのものを正しく反省する機会を奪われてしまったともいえる。これもまた、あってはならないことではなかったか。

3　情動犯罪における事実認定

自分が罪を犯した事実を認めながら、裁判で下された有罪判決に納得ができないという事例は少なくない。やったという事実は間違いがなくとも、どうしてやったのかという動機や経緯、あるいはどういうふうにやったのかという犯行態様について、その事実の認定が実際と違っていれば、当人としてもやはり納得できない。それは単に刑罰の軽重の問題ではない。そういう事件の鑑定依頼を受けたとき、どうせ酷い犯罪行為を行った「犯罪者」なのだからと言って見過ごしてよいわけではない。光市母子殺し事件はその一つだったのだが、その後、私はこの問題をとりわけ強く感じざるをえない事件に出会うことになる。

犯行時の記憶がない

事件が起こったのは、二〇〇八年六月。土地の境界をめぐるいさかいが長く続くなかで、五六歳の男性（Yさんとする）が、相手方の八〇歳の男性（Sさんとする）を殺したというものである。Yさんは公務員として長く市役所に勤めてきた実直な人だったが、老齢の実母に介護が必要になって、妻が共稼ぎで安定した給与を得ていたこともあり、事件のしばらく前に仕事を辞めた。そのYさんの実母が暮らす実家の隣にSさん所有の土地・家屋があって、Sさんはそこに住んではいないのだが、十数年前から境界線をめぐって紛争があり、その境界線に勝手にトタンの板塀をめぐらし、Yさんの土地を少しずつ浸食する状況であった。それだけでなく、Sさんはときどきその家にやってきて、隣家のY

さんの実母に対して「死ね、くそばばあ」「まだ生きとんのかい」などという心ないことばを投げつけ、さんざんいたぶってきたという。Yさんはそれが我慢ならず、出会えば、そんなことはやめてほしいと訴えていた。

そして事件の日の午後二時ごろ、実母の介護のために実家に立寄ったさい、たまたま隣家のSさんが来ていて板塀を補強する姿を見て、抗議するつもりでSさん宅に出向いて、やめてくれと言ったのだが、逆にSさんが胸ぐらを摑んで迫ってきたので、気味が悪くて払いのけ払いのけしているうちに、激情に駆られて……気がついてみるとSさんが頭から血を流して動かなくなっていたというのである。

その後のYさんは朦朧とした精神状態で、Sさんの死体のすぐ横にあった血の付いたコンクリート片を捨てに行き、夜には死体を一輪車に載せて、実母宅の納屋に運び入れ、翌日の朝に死体を自分の車の後部トランクに積んで、あちこちをうろうろしたあげくに、夜になってから実姉夫婦に付き添われて、死体を積んだままの車で実母宅の近くの交番に出頭している。この外形的な事実については、Yさん自身もこれを否定しておらず、争いはない。しかし、じつは、YさんはSさんを殺した場面も、コンクリート片を捨てに行った場面も、死体を一輪車に載せて運んだ場面も記憶していないというのである。

ただ、記憶がはっきりしないことをYさんが取調官に断片的に訴えはじめたのは、少なくとも残された記録の上で見るかぎり、出頭して三日目である。出頭直後は、混乱した状態のなか、取調官の追及のままに、「これまでのいざこざを今日で終わりにしようと、殺意をもって右手でコンクリート片をつかみ、Ｓさんの頭をめがけて十発ほども殴って殺した」という自白調書を取られていた。しかし、これがはたしてＹさん自身の自発的な供述だったのかどうか。このことが後に問題になる。

そもそもＹさんは自分の車に死体を積んだまま出頭してきて、自分が殺したと認めていたし、その死体を取調官たちも直に見ている。しかもＹさんと被害者のＳさんとのあいだには土地の境界問題をめぐって長年の角逐があり、ＹさんはＳさんを憎悪していた。そうした状況を聞いた取調官たちからすれば、これは間違いなく強固な殺意による殺人事件だというイメージを抱いてしまいやすい。一方のＹさんは、自身が殺人行為を犯してしまったというショックのなかで、精神的混乱のままに出頭し、そこでは自らを弁明しようとする気持ちすら起こらなかった。そうした状況だったから、Ｙさんがそこで犯行場面をはっきり憶えていないと多少こぼしたとしても、取調官はそれを正面から受けとめず、イメージ通りに「長年の憎悪を背景に明確な殺意をもって殺した」という方向で追及して、その通りの自白を聴取した可能性が高い。

その後、Ｙさんは冷静になって思いなおし、「Ｓさんが向かってきたときに手を払ったことまでは憶えているが、気がついたときにはＳさんが血を流して死んでいた、それから警察に出頭するまでの間も記憶がはっきりしない」と訴え、そのことが明確に供述調書に録取されるようになる。しかし、それは出頭から六日目以降のこと。検察側はＹさんの出頭直後の自白を重視して、裁判ではこれをもっとも重要な証拠とした。

裁判で弁護側は、Ｙさんが犯行時に一時的に精神錯乱状態に陥ったとして、その責任能力を争うべく、裁判所に精神鑑定を求めた。しかし、裁判所はその請求を認めず、検察側は、Yさんが明確な殺意をもってSさんを殺したにもかかわらず、後になって事件時の記憶がないなどと言い訳を重ねていると主張し、懲役一八年を求刑した。結局、裁判所は検察側の言い分を採って、弁護側の主張を退け、「犯行直後から記憶がない旨不合理な弁解に終始するなど、真摯な反省の態度がみられない」として、Yさんに懲役一四年の刑を言い渡したのである。そして、その後の控訴審、上告審でも、精神鑑定をしてほしいとの弁護側の主張は認められないまま刑が確定。現在、Yさんは刑務所に収監されている。

Yさんは、犯行時の記憶がないという自身の真剣な訴えを裁判所からまったく受けつけられず、かえってそれが「不合理な弁解」だと決めつけられたことに、どうにも納得がいかず、いまあらためて獄中から再審を求めている。

「情動犯罪」というもの

こういう話を聞くと、一般には、人を殺しておいて、それを憶えていないなどというのは常識的に考えられない、それはやはり都合のいい嘘の言い訳ではないかと思う人が多いかもしれない。ところが、激情に駆られての犯罪行為では、そうした例が稀ならずある。

本件のような激情による犯罪行為においては、その犯行者が一般に理解しがたい精神状態に陥ることがあるうるし、また犯行後にその自らの犯行体験を想起できないことがありうる。この問題は、これまで刑事裁判の世界で「情動行為」あるいは「情動犯罪」として議論されてきた。それは、「精神疾患などに罹患していない健康な行為者」が、「憤怒や憎悪、怨恨、嫉妬といった激しい情動」のなかで殺人、傷害などを犯し、結果としてそこに何らかの「意識障害の存在が想定される」ことを指す。その多くには「長期の葛藤が先行」するが、犯行そのものは「衝動的に経過する」という（岡島美朗「情動犯罪」『法と精神科臨床』第一巻、一九九七年）。

ここに「意識障害の存在が想定される」とあるように、犯行時に「深い意識障害」あるいは「意識狭窄状態」が生じることがあるために、これまでこの問題は責任能力の脈絡で議論されることが多かったのだが、その責任能力の問題は横に置くとしても、犯行時に何らかの意識障害があれば、おのずと犯行時の記憶の欠損をもたらす可能性が高く、現に情動犯罪の事例においてはそうした例が数多く報告されている。それゆえ、本件の場合も、もしこの種の情動犯罪にあてはまるものだとすれば、そこに記憶の欠損を来たした可能性は高いと言ってよい。

この情動犯罪が刑事訴訟上の問題として大きく取り上げられるようになったのは、第二次大戦後のドイツにおいてのことで、それ以来、情動が責任能力に影響するかどうかが盛んに議論されてきた。そのなかで「健常人の情動行為について、精神病質や酩酊等の布置的因子が存在しなくとも、意識障害をもたらしうることを認める」判例が出て、少なくともその情動発生に本人の側の責任がない場合には、責任無能力を肯定できるとされた。その最初の判例は次のようなものである。

勤勉で、平和的・内向的な性格の被告人は、連合軍占領下で極度に不足していた食料の全てを妻に与え、妻の庶子の面倒もみていた。しかし被告人を嫌う姑の影響もあって、被告人と妻との間に喧嘩が絶えなくなった。数年に及ぶ諍いで被告人は徐々に衰弱していった。一九四八年八月、妻と姑は、被告人が屋根裏部屋しか使用できない旨の仮処分決定を得ると、被告人を台所から追い出し激しく罵倒した。これにより被告人は極度の興奮状態に陥り、傍にあった包丁で妻と姑を滅多切りにしたが、その際に姑は転んで頭を打ったことによる脳内出血で後に死亡、妻も顔や手に刺創を負った。行為後、被告人は屋根裏部屋で自縊を試みたが助けられ、その数時間後にも高さ九メートルの窓から飛び降り自殺を図り、重傷を負った。

裁判所は、この被告人について情動興奮による意識障害を認めると同時に、「明らかに非の打ち所のない被告人が、長期間にわたって理由なく激しく苛立たされ精神的に苦しめられて、いかなる明確な責任もなく抵抗能力が不足したために情動爆発に駆り立てられた」ものだと認めて、被告人には責任能力なしとして無罪判決を下した（友田博之「健常人の情動に関する一考察（1）」『法学雑誌』第五二巻四号、二〇〇六年）。この事例は、林美月子『情動行為と責任能力』（弘文堂、一九九一年）にも詳細に紹介されていて、そこでも犯行時の記憶に相当の欠損が生じたことが示されている。ただ、この事例が問題となったのは、犯行時の深い意識障害そのものが責任能力に影響したかどうかであって、記憶欠損は副次的な問題にとどまっている。

Yさんの事件について、私がその供述の分析を引き受けたのは、上記の事例でのように責任能力の問題を論じるためではない。責任能力を云々する以前のところで、そもそもYさんがSさんをどのようにして死にいたらしめたのか、その事実の認定が問題だった。その点、Yさんには犯行場面の記憶がないにもかかわらず、取調官の側の思い込みでもって自白が誘導されてしまった可能性がある。この問題を心理学的に検討することが、私の供述分析の課題だったのである。

もしYさんの訴える通り、彼に犯行時の記憶がないとすれば、そのことを念頭に、本人の脳裡に残る断片的な記憶と、それにかかわる物的証拠やその他の客観的証拠とを慎重に考え合わせるのでなければ、正確な事実認定はできない。また、そうした正確な事実認定なしには、Yさんの納得は得られないし、その納得なしに彼の真の更生を望むこともできない。

4　事実の認定に納得できない犯行者

耳かき店員ら殺害事件

情動行為というのは、精神医学的に言えばクレッチマーの「原始反応」に当たる。そこでは「発達した全人格が刺激と反応の中間に挟まって働くという中間回路がなく、体験刺激が直接に衝動的な瞬間的行為として、或いは精神的深層機構として反応的に現れてくる」と言われる（西丸四方・高橋義夫訳『医学的心理学Ⅱ』みすず書房、一九五五年）。つまり、発達した人格においては、精神の上位層で刺激と反応との間に規範意識などの理性的・合理的な判断の回路が働いて、自らの行動を連続した流れで理解できるのだが、情動状態では精神の上位層を介さずに原始的な下位層を通して、受けた刺激から直接に反応が出てしまう。そうして上位の理性的・合理的な意識を介することなく、深い原始的な層に支配されたということになれば、責任能力を問えないという議論にもなりうる。また、そうした情動下の犯行では、本人もまたそれまでの自分の日常の延長上で自分の行為を理解することができず、どうしてこんなことをしてしまったのかと苦悩する。

そうした観点から、責任能力を争わない前提で、情動行為について情状鑑定を行った事例がある。裁判員裁判で初の死刑求刑がなされ、無期懲役の判決となった、いわゆる「耳かき店員ら殺害事件」である（木村一優「意識狭窄及び情動行為と情状鑑定」『精神医療』第六六号、二〇一二年）。被告人は被害者の勤める耳かき店に客として出入りしているうちに、被害者に強い恋愛感情をいだくようになったが、個人的なつきあいを拒否されるなかで、愛憎の入り混じる激しい両価感情に衝き動かされ、ある日、ハンマーとナイフを持って被害者宅に侵入したところ、一階にいた被害者の祖母に見つかって、祖母を殺し、次いで二階で被害者を殺したというものである。被告人は配電整備の設計の仕事をしており、社交的ではないが我慢強く、生真面目で、職場でも不適応はなく、その人格はこうした残虐な犯罪とはおよそ結びつかない。被告人は、犯行後、血だらけの状態で、どうしてよいか分からぬまま、うろうろしていたところ、かけつけた警察官を見て、そこでようやく現実感を取り戻したという。

鑑定人の木村一優医師によれば「犯行に至る経緯の困惑感から意識狭窄が徐々に始まっており、犯行前日には殺害を考えるようになり、殺害を実行するかどうか逡巡してはいたが、意識狭窄ゆえに、やがて殺害以外の選択肢が考えられない状態に陥っていった。犯行時は意識狭窄状態で、被害者祖母が予測外に登場するという事態では、パニック状態になり、被害者祖母を殺害し、その際の記憶は欠損している。さらに、被害者殺害時は、怒りの感情のみに支配されている状態で、その際にも記憶の欠損が認められる。彼が明確に記憶しているのは、怒りという感情であった」という。この精神鑑定を通して、激しい両価的感情のもとでの意識狭窄および情動行為によってこのような犯罪行為が行われてしまったことを、被告人自身が理解することができたし、それによって「彼にとって不可解になりかねない出来事が腑に落ち、事件を振り返る」ことができたという。被害者遺族の感情はおくとして、こうした情状鑑定を行ったことが「(被告人に) 納得という効果をもたらす」ものになり、結果としてこれが更生に向けての彼の「セカンドチャンス」となったことは間違いない。

情動行為による犯罪では、当の本人自身、自分がやったことは確かだと分かったうえで、どうしてそんなことをやってしまったのかを理解できない。そこには犯行時の記憶が欠損しているという問題もある。そうした当人の困惑の思いを解くことなしには真の更生を望めない。先のYさんの場合も判決の確定後なお納得できずに、獄中から「なぜそんなことをしてしまったのか、私には未だにまったく分からないのです」と言って精神鑑定を求めているのは、まさにこの点にかかわってのことである。

Yさんについて、確定判決は「犯行時の記憶がない」との彼の主張を「不合理な弁解」とし、そこに「真摯な反省の態度が見られない」と断定した。しかし、実際にYさんの自白過程を分析すれば、そこには「犯行時の記憶」が欠如していると言わざるをえない徴候がはっきりと読み取れる。

記憶欠損の証拠

Yさんによれば、犯行の発端となった被害者との諍いについて、被害者が自分の方に寄って来て、胸ぐらを摑まれそうになって振り払ったところまでは記憶していて、その後、被害者が血を流して倒れていたのに気づいたのだという。その場にはほかに誰もいなかったから、自分が被害者を死にいたらしめたことは間違いない。また、そばにコンクリート片が落ちていて、それを別のところに捨てたこと、またそののち被害者の死体をあちこちに運んだことも、外形的には記憶していて、警察出頭後の取調べでこのことを供述している。問題は、被害者を死にいたらしめた自らの犯行行為の具体的な態様やそのときの心理状況である。

Yさんが出頭してきた直後に自ら書いた「申述書」には次のように記されている。

（相手が）塀の補強をしていたので、相手に「やめてくれ」と依頼した。が、「なんで、やめなあかんのや」とのやりとりがあった。私は、もうこれ以上話し合うこともなく、相手が手をふり上げたので、私は強くなぐりました。足で、顔面をけり、近くにあったブロック片（二〇センチ×一〇センチ×五センチ）で頭部をなぐりました。私は、最初は制するつもりでいましたが、もう死んでもいいんやないかと思い、なぐりました。

明らかに殺意を持って「相手」であるSさんの頭部をブロック片で殴ったという話になっている。また、その後の供述調書ではブロック片を「右手」に持って「頭に集中して一〇発くらい力一杯殴りつけた」と、さらに具体的な供述が録取されている。

ここでいう「ブロック片」は現場になく、そこからかなり離れたところに捨てたとYさん自身が述べて、その翌日にYさんの指示したところから発見されている。この点は捜査側が知りえない事実で、それがYさん自身の供述によって発見されたのであるから、一種の「秘密の暴露」であって、その信用性は高いし、その限りでYさんの記憶は正しい。ところが、発見されたものは三五センチ×二一センチ×一一センチで、重さは一〇キロを超える「コンクリート片」だった。およそ片手で持って相手を一〇回も殴りつけられるような代物ではない。そのためにYさんの供述も変更されて、「両手で摑んだまま振り下ろしたのか、振り落としたのかは記憶がはっきりしません」ということになっていく。

手にした「ブロック片」の大きさを記憶で語ろうとして、それが正確でないことはありうる。しかし、実際には「三五センチ×二一センチ×一一センチ」もあったものが、最初の供述で「二〇センチ×一〇センチ×五センチ」と八分の一の大きさになるのはやはり奇妙である。いや、それ以上に問題は、そのブロック片を用いての犯行態様である。後者の大きさならば、人がよく知っているレンガ片くらいのもので、片手に持って相手の頭を殴ることは容易だが、実際に見つかったコンクリート片は大きすぎて「片手」で持って殴るのは困難である。それも供述調書にあるように「一〇回」もということになると、それはまず不可能である。その後の供述でこの部分が「両手」で「振り下ろした」か「振り落とした」ということになり、回数も「五〜六回」となったのはそのためだろう。そのように明らかな食い違いがあるとすれば、Yさんが自ら出頭して先の「申述書」に書き「供述調書」を取られたとき、彼はその犯行の中心部分について記憶がなかったと言う以外にない。

自分がSさんを死にいたらしめたことは確かだ。そしてそこにあった血の付いたコンクリート片を事件後に別のところに捨てに行ったことも間違いない。しかし、その犯行をどのようにやったかがYさんの記憶のなかになかった。だからこそ凶器とされたコンクリート片とおよそ折り合わない供述が取られてしまったのである。問題はこの点だけでない。Sさんの死体の状況もYさんの自白には合わない。検死した医師の「解剖結果中間報告」によると、死因とされたのは右頭部「頭蓋線状骨折を伴う脳挫傷」と記録された一カ所である。もし一〇キロものコンクリート片を頭部に目がけて五～六回も振り下ろしたとなれば、その程度の損傷ではすまない。さらに言えば、この医師の報告書には「転倒による打撲が考えられる」と付記されている。そうなれば殺意をもって殴り殺したという裁判所の認定とは違って、傷害致死ということもありうる。

記憶によらない自白で人を罰してよいのか

本件の犯行についてのYさんの記憶が混乱していたのはこの部分だけでない。Yさんは死にいたらしめてしまったSさんの死体を、夜になってから現場から一輪車で移動させ、それを学校帰りの二人の女子高生が目撃しているのである。時刻は夜の八時半ごろとはいえ、人通りのある駅の近くで、現に駅近くに自転車を停めていた女子高生がすぐそばで見て恐怖したという。物陰からこっそりのぞいていたというのではない。上半身を白い布で覆いはしていたが、頭に当たる部分が血で汚れ、両足がはみ出している状態の死体を一輪車に載せ運ぶところを、彼女たちはすぐそばで見ている。そのときYさんもまた二人の女子高生を見たはずだが、Yさんは逃げもせず隠れもせず、そのまま通り過ぎただけだという。Yさんの精神状態は、そのときおよそ正常なものだったと言い難い。この場面についても、Yさんにははっきりした記憶がない。

このような状況だったことを見たとき、Yさんのこの犯行は情動犯罪に十分あてはまる。記憶がはっきりしないというYさんの弁明も嘘ではない。ただ、Yさんは出頭直後に、はっきりと殺意をもってSさんを殴り殺したという供述を自筆で申述書に書き、供述調書に取られ、これがネックになった。思うに、Yさんは犯行後の精神的錯乱状態を引きずったまま警察に出頭し、その犯行時の「記憶の穴」を自覚する以前に、「殺意」を確認しようとする取調官の追及に合わせて、その穴を埋めてしまったのである。言ってみれば、それは「記憶によらない自白」である。しかし、そののち冷静になって、じつは記憶がないと言い出しても、最初の供述の記録はもはや取り消せない。それが裁判では証拠として提出され、裁判官たちはその信用性を認め、Yさんの弁明を「不合理な弁解」と決めつけた。Yさんが本件の犯行者であることは間違いなくとも、自分の「記憶にない自白」で裁かれたのでは、これに納得できないのは当然であろう。

冤罪は裁判における「事実の認定」の失敗である

「冤罪」とは、通常、問題となった犯罪事件に関与していないのに、その事件の犯人と間違われ、起訴され、あるいは有罪の判決を受け、さらにはそれが確定して刑罰を科され、再審を求めても応じてはもらえないことを言う。あるいは、問題の事件がじつは何らかの事故であったにもかかわらず、それが犯罪事件と見誤られて、その犯人とされてしまう場合も少なからずある。いずれにせよ、文字通りの無実者が犯人とされてしまう場合に、それを冤罪と呼ぶのが一般的である。もちろん、そこに巻き込まれた人たちはそこでの「事実の認定」に納得できず、裁判に不信を覚え、その理不尽に怒り狂い、最後には自身の無力感に押しつぶされてしまう。

一方で、問題とされた当の事件が、事故などではなく確実に犯罪事件であり、またそこで犯人とされた人が、間違いなくその事件にかかわり、犯行を行った当の人物であった場合でも、それがどのような事件で、その人がそれにどのようにかかわり、どのような犯罪行為を行ったかについて、なお事実認定上の問題が残ることがある。そこでなされた「事実の認定」が実際の事実とあまりに大きくずれて、不相応に重い刑罰を科されてしまったとき、それもまた広い意味では「冤罪」と言っておかしくない。そこで問題になる典型が、ここで見た真犯人の虚偽自白である。真犯人もまた自分に下された「事実の認定」に納得できなければ、自らの科を認めつつも、与えられた刑罰を真の意味で受け入れることはできない。

この狭義、広義の冤罪を含めて、その多くには、背後に虚偽の自白があり、また間違った目撃供述がある。いずれも供述の問題である。ところが、裁判官たちはこの供述の問題について、十分これに対応できるだけの方法と理論を自分たちが持ちえていると自負しているのか、外部の心理学者たちがこの問題に関与することを好まず、供述の問題こそは自分たちの専決事項だと言う。

しかし、冤罪は捜査の失敗であり、裁判の失敗である。その失敗の原因が自白や目撃などの供述の判断にあるとすれば、まずは根拠のない自負を捨てるべきであろう。そして供述を証拠として「事実の認定」を行うにあたっては、何をどうすればよいのかをあらためて再考しなければならない。それは人間のことばの問題であり、当然にして心理学の問題なのである。

第Ⅳ部　「事実認定学」のために

第8章　日本型「精密司法」の悪弊

1　「精密司法」は精密か

「精密司法」とは

わが国の刑事裁判は「精密司法」だといわれる。有罪の判決を下すに当たっては、物的証拠はもちろんのこと、被告人や関係者の捜査段階の供述調書や法廷供述など、大量の証拠資料を用い、動機から犯行態様、事件の背景や社会的影響まで含めて、詳細な事実認定を行う。無罪の判決においても、検察側の有罪立証が尽くされていないという結論を述べるだけでなく、その立証に「合理的な疑い」があるとする論拠を、有罪判決以上に詳しく述べるのが通例である。なにしろ無罪率が一％にも及ばない現状では、よほど丁寧に無罪の根拠を書き込まなければ、上訴審で覆されるからだという。

その結果として、三審制で最高裁まで事実の認定が争われる大事件になると、判決文だけでも、合わせれば本一冊ができるほどの量になることがある。いや、さらにこじれて、有罪判決が確定したのち再審請求が繰り返される事件では、その資料の膨大さはもう大変なもので、裁判所の判決、検察側の立証資料、弁護側の反論資料などを一カ所にまとめれば、文字通り段ボールに何箱も詰め込まれた「資料の山」が出来上がってしまう。「精密司法」などと言うと、実態を知らない人からすれば、いかにも「精密」な事実認定が行われて、人間の立派な営みの典型であるかのように聞こえるかもしれないが、私のなかではこの資料の山に翻弄され、混乱を極める司法の実態を象徴するようにすら思える。

ここで言う「精密」は、多分に文書記録上の精密という意味合いが強いのだが、その文書記録がどこまで問題の事件の事実過程や捜査過程を忠実かつ正確に記録しているかに疑問があるうえ、その文書記録に基づいて下される判断過程がまた、十分な論理によって根拠づけられているとは思えないことが少なくない。私の刑事裁判とのつきあいは、もっぱら冤罪の主張のある事件、つまり裁判が間違った可能性のある事件ばかりで、それ以外についてはほとんど知らないから、その私の知らないところでは、文字通りの正しい意味で「精密司法」が実現している例も、もちろんあるのだろう。また現に、冤罪が晴らされた事件の無罪判決のなかには、これぞ「精密」と言いたくなるような判決書を見ることがある。ところが、そうした見事な判決でさえも、上訴審や異議・抗告審でふたたび奇妙奇天烈な論理で覆されたりするのを見ると、「精密司法」のことばを前にして、しばしことばを失ってしまう。

ただ、皮肉なことに、この「精密司法」に長くつきあってきたおかげで、私自身、ふだんならばなかなか気づかない問題領域に気づくことができたと思うことが少なくない。それは通常の心理学ではカバーされていない領域だというだけでなく、考えはじめてみると、言語学や論理学、あるいは哲学や社会学、さらには歴史学にすら絡んでくる。過去に起こった事実を認定するという人間の作業は、それだけ幅広い問題領域にかかわるのである。そこで私がいま考えはじめているのは、「事実認定学」とでもいうべき研究領域を開拓できないかということである。「精密司法」を謳ってきたわが国の法の世界では、これまでにも「事実認定論」があれこれ議論されてはきたが、これを「学」として立ち上げようとする発想は、これまでほとんど見られなかったように思われるからである。

こんなことを言っても、もちろん、これはまだ身の程知らずの大言壮語でしかない。そのことは分かっている。ただ、そのうえで、まずはそこを目指して、個々の事件について供述分析の作業を進めながら、思いついたことを一つひとつ積み上げていく努力が求められている。

古い再審請求事件とその取調べ録音テープの開示

わが国の「精密司法」に対して、英米での陪審裁判を「ラフ・ジャスティス」と呼ぶ言い方がある。陪審法廷では事実認定の結果を「評決」として告げるとき、それはまさに有罪か無罪かの結論だけであって、その根拠を示すことがない。民衆の代表による事実認定に対して権力は干渉しないとの歴史的伝統によるというのだが、じっさい、陪審法廷で無罪の評決が出れば、これに対して検察は上訴できない。つまり、事実の認定は、良識を持った一般民衆の議論に委ねようということで、「精密司法」とは真逆のところに潔く徹している。その点、わが国の裁判員裁判では、公判前の手続きで争点が整理され、法廷に持ち出される証拠もかつてに比べれば絞られるようになったものの、「精密司法」の流れは大きく変わっていない。評議の経過は判決に書き込まれず、判決文もかつてに比べれば短くなったが、それでも判決には結論だけでなく、認定内容とその根拠が詳細に書き込まれる。そして判決に対しては、弁護側だけでなく検察側も控訴できるし、控訴されれば、そこからは裁判官だけの精密な審理が待っている。

なんとも中途半端なことだが、裁判員裁判が施行されてから大きく変わったこともある。その一つが証拠開示のあり方である。以前の裁判官のみの裁判のころに比べて、証拠開示がより広くなされるようになって、取調べ段階の録音・録画記録が開示される事例も増えてきた。同時に、これに連動して、狭山事件（一九六三年）や袴田事件（一九六六年）など、再審請求が繰り返されているような古い事件でも、取調べ録音テープが開示されるようになった。おかげで、これまで供述調書を通してしか見えなかった取調べ過程、虚偽自白の聴取過程が具体的に見えるようになった。

歴史的に見れば、日本の刑事裁判で取調べの録音が問題になった最初の事件は、私の知るかぎり、仁保事件である（八二頁）。一九五四年に発生した一家六人殺しの大事件で、岡部さんが被疑者として逮捕され取調べが行われたのは一年後、一九五五年のことである。当時、録音テープが一般化しはじめたばかりで、捜査側はそれが捜査の大きな武器になると考えたのであろう。この事件の場合、検察側が自白の任意性を証明する証拠として録音テープを開示してきた。つまり、岡部さんが「私がやりました」と自白に落ちた段階から録音テープを回し、そこに拷問や暴力などはなかったということを示そうとしたのである。そして、裁判所もまた、当初はこの録音テープから、取調官の側の暴力や強制などはなかったとして、岡部さんの自白の任意性を認定した。録音テープに「精密司法」の一端を補助する役割を与えられたのである。

ところが、現実には、岡部さんは諦めて自白に落ちるまで、正座して取調べを受けることを求められ、下半身がマヒして尿を垂れ流すほどの状態だったという。そのほか種々の拷問的な取調べがあったものの、その部分は録音テープからは外されていたのである。取調べ過程のすべてを録音する全面可視化が果たされないかぎり、この種の部分的な可視化はかえって仇になりうることを仁保事件は示している。

録音テープが語るもの

今日の可視化の議論のなかでも、録音・録画はそうした違法な取調べを監視する手段として位置づけられていることが多く、じつは、そうした視点にとどまったときには、仁保事件でのように、検察側からこれを逆手に利用されるという問題が起こる。いまでも「取調べ過程を全面的に可視化する必要はない」「自白をした肝心の場面が収録されていて、そこに強制や暴力などの違法な取調べがなければ、それで可視化の役割は果たされる」かのごとくに主張する議論がある。現に袴田事件で二〇一一年に開示された録音テープなども、袴田さんが自白に落ち、犯行筋書が繰り返されて、それが定着した後のもので、そこには彼が自白を淡々と語っている様子が収録されている。それだけを聞けば、いかにも真犯人が任意に自白しているように聞こえてしまう。しかし、もちろん、これを額面通りに受けとめるわけにはいかない。

録音テープは、単に取調べ場面の監視にとどまらず、何よりその取調室で何があったのかを分析する重要なデータである。その意味で、仁保事件の録音テープなどもそういう観点から分析すればきわめて貴重なデータとなる（その分析の一端は拙著『自白の心理学』岩波書店、二〇〇一年で紹介している）。また、私自身、二〇一〇年に開示された狭山事件の録音テープの分析を行って、その感を強くした。一例を引こう。

この録音テープにも、強制や暴力の場面は出てこず、そのなかで石川さんは自白している。しかし、その自白過程を分析すれば、表向きの雰囲気とは別に、取調べの実態が具体的に浮かび上がってくる。たとえば、石川さんがまだ否認している段階で、取調官は「被疑者」でしかない彼を、まるで「犯人」であるかのように尋問し、説得している。そこでは彼が無実である可能性を一かけらも考慮していない。以下は、取調官が否認している石川さんに対して脅迫状を書いたことを認めさせようと執拗に迫る、その長々しい場面のごく一部である。

とにかく、これだけは、これはもう石川君のことなんだから、これは。ねえ。他の人のことじゃねえんだ、これは。なあ、石川君。（中略）石川君が書いたこと、こりゃ間違いねえんだ。ねえ。だから、そこだけはね。やはり石川君自身もわかってもらわなくちゃ絶対困ると。（中略）これはもう話し合う余地ってものがねえんだ、要するに。これは石川君が書いたことに間違いねえんだっていう。これは、はっきり私は、これは申し上げとく。ねえ。これが、あんた、そうでねえなんて後でなったら、大変なことですよ。私らの首かかったって足りねえ。ねえ。これはもう、なんだな、石川君が書いたことについては、間違いないんだと。

石川さんが自白に落ちたのは、こうした説得が延々一カ月以上続いた後のことなのである。無実の人から虚偽自白を引き出してしまう最大の要因は、取調官の側の「証拠なき確信」だということを、私はこれまで何度も説いてきたが、ここで石川さんに迫る取調官の心理は、まさにそれである。彼が脅迫状を書いたという証拠はどこにもない。筆跡鑑定が出てはいるが、それは誰がどう見ても怪しいと思わざるをえない代物だった。それにもかかわらず、取調官は自信たっぷりに、「こりゃ間違いねえんだ」と繰り返す。こうした迫り方を延々と続けたということは、「精密」であるはずのこれまでの開示証拠のどこにも記録されていない。しかし、その開示された文書記録から除外された録音テープに、まさに取調官たちの生のやりとりとして、これが刻み込まれている。これを聞いただけで、これまでの「精密司法」がいかなる意味で「精密」だったのかが露呈する。それだけに録音テープ開示の意味は大きい。

2　取調官たちの心理

集団ぐるみの「証拠なき確信」

取調室で取調官たちと被疑者とがやりとりする場面を録音テープで聞いていると、不思議な気持ちになる。取調官たちにとって目の前にいるのは被疑者、つまり「疑われている者」である。ということは、もちろん、まだ「疑われている」だけであって、事件の「犯人」だと分かったわけではない。ところが、それにもかかわらず、取調官たちは被疑者をまるで犯人であるかのように見なして、執拗に問い詰める。しかも、それはその場限りの単発のやりとりではなく、取調室に閉じ込めて、延々と何時間も、何日も、あるいは何十日も取調べが続く。

前節でごく一部を紹介した狭山事件の取調べテープは、被疑者の石川さんが一九六三年五月二三日に逮捕されて、連日の取調べに否認を続け、六月一七日に別件起訴で保釈後に再逮捕、そこからさらに厳しい追及が続いて、とうとう六月二〇日に脅迫状作成を認め、三人共犯の自白に落ちる、その直前のものであった。延々二九日間にわたる取調べに、石川さんは否認を続けながら、もはや返す気力もない状態で黙りこくっている。その彼を前に、取調官は彼を犯人と決めつけて問い詰め、説得し、説教を重ね、謝罪を求める、そういう場面だった。

証拠として開示された録音テープの収録時間は全部で一五時間ほど、四七日間におよんだ取調べ期間から見れば、ほんのわずかでしかない。しかも否認時のものは、意図して排除したらしく、先に紹介した場面は、おそらく間違って残された否認時の録音一三分間、引用したのはそのまたごく一部である。膨大な時間をかけて取調べが執拗に進められるなか、石川さんはずっと否認していた、その一瞬が録音テープに残されていたにすぎない。しかし、そのごく一瞬を聞いただけでも、取調官はどうしてここまで自信たっぷりに被疑者を追及できるのだろうかと思ってしまう。

被疑者である以上、それなりに疑わしいと言えるだけの証拠があるのかもしれない。しかし、一方で決定的な証拠がない以上、被疑者はひょっとして無実かもしれない。いや、石川さんの場合、彼が書いたということで突きつけられている脅迫状の原本は、どう見ても文字を書きなれた人の筆跡、一方の石川さんは小学校も満足に行っておらず、事件当時も文字を書くなどということがほとんどない生活をしていて、平仮名さえもあやしいところがある。素人目にも筆跡が彼のものとは思えない。にもかかわらず、この筆跡が石川さんのものと同一とみてよいという鑑定書が作成され、それを受けた取調官は「ひょっとして無実かもしれない」などとは欠片も思っていないかのように、石川さんに迫っている。

しかも、取調官は一人ではない。録音テープに収録された声を聞き分けてみると、そこには少なくとも三人の取調官がいる。しかし、その三人のうち誰一人として、石川さんはひょっとして無実では？　という様子を見せていない。石川さんを取り囲む取調官たちが、みんなして、お前が犯人に間違いない、それはもう分かっているんだ、早く吐いて楽になれ、と迫る。これぞまさに「証拠なき確信」の権化のようなもの。先には、これこそが虚偽自白を引き出してしまう取調べ側の最大の要因だと説いてきたが、ここであらためて思うのは、この「証拠なき確信」は単に一個人の取調官の心理ではなく、まさに取調官たちの集団の心理だということである。

頑強に否認する被疑者に対して、一対一で対面して取り調べるようなことがあったとすれば、その取調官個人のなかに「ひょっとして、こいつはシロかもしれない」という心証が芽生えて、取調べの方針を転換しようと思うことがあるかもしれない。しかし、警察の取調べは原則的に複数で行うことになっていて、単独での取調べは例外である。そうして捜査チームで一定の方針をもって取調べに臨んだとき、そこでたとえ一人の取調官が被疑者に対して無実の心証をもったとしても、それを率直にその場で仲間に伝え、上司に告げ、チームで議論できるかどうか。もちろん、チームで公正に捜査を進めている例も少なくないと思いたいところだが、現実にはそれが簡単ではない。また、そうしてチームの方針に異議をはさんで主張すれば、その捜査チームから外されるという例すらあると聞く。「証拠なき確信」はとかく集団化するのである。

「精密司法」の背後で蠢くもの

問題は、取調官が否認し続ける被疑者に対して迫る場面だけではない。狭山事件の録音テープは、その一五時間のほとんどが自白転落後のもので、そこに収録された石川さんのやりとりを聞いていけば、自白しているにもかかわらず、彼は事件のことをほとんど語れていないことに気づく。

たとえば、先にも指摘したことだが（一九九頁）、この事件で殺された女子高生Ｙさんは、学校帰りに事件に遭ったのだが、そのとき持っていた鞄が山の畑の傍に捨てられていた。ただ、奇妙なことに、鞄の本体とそのなかの教科書やノート類とが別々に、離れたところに捨てられていて、石川さんの取調べ当時には、鞄本体がまだ発見されていなかった。そこで自白に落ちた石川さんに対して、取調官たちは鞄をどこに捨てたかを問うている。もし石川さんがそれに答えて、その通りに鞄が出てきたならば、文字通りの「秘密の暴露」となって、石川さんの有罪を決定づけることになる。まさに肝心のその尋問場面が録音テープに入っていたのである。

ところが、その場面のやりとりを聞いてみると、石川さんは鞄とその中味の教科書・ノート類が別々だということを知らず、最初は「鞄に入れたまんま」一緒に捨てたと言い、取調官から鞄だけが発見されていないのだと教えられて、そこではじめて別々だったことに気づいたらしく、「鞄は、すぐそばにありますよ、そいじゃあ」と答えている。ところが、実際には道を挟んで一三五メートルも離れたところにあって、およそ「すぐそば」などというものではない。可能性としては、実際に一緒に捨てた、あるいはすぐそばに捨てたうえで、事件後、誰かが山の中で鞄と教科書・ノート類を見つけて、移動させたことも考えうるのだが、それならそれで石川さんは自分の記憶にこだわって答えればよいはずである。しかし、その日の供述調書には、録音テープとは違って、はっきりと別々に捨てたと供述し、かつ図面も描いて、その図面に基づいて捜索したところ、鞄が図面通りに発見されたということになっているのである。

裁判では、検察側が供述調書をもとにこれを「秘密の暴露」だと主張し、裁判所もこれを認めて、石川さんの有罪を決定づける重要証拠の一つとなった。しかし、この認定が間違いであることは、当の録音テープが明白に示している。石川さんは「秘密の暴露」どころか、逆に被害者の鞄や教科書・ノート類の捨て方を知らなかったのであり、そのことはむしろ「無知の暴露」として、彼が事件とは無関係の人間だったことを示している。

注目すべきは、じつのところ、このやりとりの現場に立ち会った取調官たちこそ、この石川さんの「無知の暴露」を前にして、彼の無実性にもっとも衝撃を受けるべき立場にいたはずだということである。にもかかわらず、取調官たちは誰一人として彼に対して、「ああ、お前は知らなかったのか」と言うことなく、それまでと変わらず、石川さんを犯人として扱い続けている。取調官たちの「証拠なき確信」は、石川さんが自白に落ちたことでさらに強まり、そうなればもはや犯行内容を語る際に多少おかしなところが出てきても、ひょっとしてこの人は無実かもしれないと思い直して、引き返したりはしない。むしろ逆に、一見しておかしなところは修正し、客観的な証拠と矛盾しないように仕立て直して、最終的にそれらしき自白調書を作り出してしまう。

そうして「秘密の暴露」さえ含むかのように自白調書の体裁を整え、石川さんがまさに疑いなく真犯人であるという証拠として、石川さんの署名・指印付きで法廷に提出される。こうした文書が蓄積されていけば、その文書だけで判断するかぎり、裁判でも、もはや有罪以外にはありえないとして、判決は確定する。「精密司法」の背後にこのような現実が蠢いているとすれば、その「精密」ほど恐ろしいものはない。

被疑者の自白寄与度

無実の被疑者が自白転落後、犯行内容を詳細に語った供述調書が聴取され、これが法廷に出される。もしこれが無実の人の虚偽自白だとすれば、その自白はいったいどのようにして調書に記録されるようになるのか。この疑問を、私はこの仕事にかかわるようになって以来ずっと考えてきた。一つの可能性としては、無実の被疑者は何も知らないのだから、取調官の側が収集した証拠からそれらしい犯行筋書を描いて、それを調書に記し、強引に本人に認めさせ、無理矢理、署名・指印させるということが考えられる。世間ではこうした虚偽自白論が一般的で、それ以上の実態があるとは思い及んでいないことが多い。しかし、もし被疑者が犯行内容を何ら語れないところで、取調官が一方的に犯行筋書を思い描いてそれを被疑者に呑み込ませて調書に記録するというようなことがあるとすれば、それは取調官が被疑者を無実と分かったうえで、文字通り「でっち上げ」たに等しい。いくら性悪な取調官でも、そんなあくどいことはできるものではない。

自白に転落した無実の被疑者は、犯行を認めたうえで、しかし犯行内容が分からないというジレンマに追いやられる。そこでどうするかというと、結局は「自分が犯人ならばどのようにやったのだろうか」と考え、想像で犯行内容を答える以外にない。言ってみれば、無実の被疑者が「犯人を演じる」。現実の事件では、ほとんどの場合、このような心境の下に虚偽自白の内容が展開される。しかし、無実の被疑者が想像で犯行内容を語れば、当然、実際の証拠と食い違うところがいっぱい出てくる。取調官はその食い違いに気づけば、自分たちの手持ちの証拠に照らし合わせて追及するし、被疑者の方では、実際にやっていなくて想像で語っていると自分で知っているわけだから、取調官から追及を受けるつど、間違ったのだと思って、先の自白内容を訂正していくことになる。そうして、結局は、無実の被疑者であっても、証拠と合致する自白が出来上がってくる。それが虚偽自白の実際である。

これまで私はこう考えてきた。簡単にまとめて言えば、厳しい取調べで自ら「犯人になる」以外になくなった被疑者が、「こいつが犯人だ」と思い込んでいる取調官の前で「犯人を演じ」、取調官がそれを演出する、そうして相互のやりとりを通して出来上がる両者の「合作」が虚偽自白なのだ、と。この考え自体はいまも変わらない。ただ、その合作に当たって、被疑者の側で想像して語る度合い、つまりその寄与度はもう少し大きいものと思っていた。五分五分とまではいかなくても、せめて二〜三分は被疑者の側で語り出しているのではないかと思っていた。ところが、狭山事件の録音テープを分析して、被疑者石川さんの寄与度が思っていたよりずっと小さいことを知って、正直、驚いた。数字で正確に表せるわけではないが、印象でいえば、九割方あるいはそれ以上が取調官のリードによると言ってよい。

3 人間の現象につきあう

人間現象としての「精密司法」

「精密司法」を誇るわが国の刑事裁判の実態に長くつきあってきて、つくづく思うのは、ここにも一つの「人間の現象」があるということ。それは実験室で人為的に作り出した現象ではなく、まさしく生身の人間がこの社会の具体的な現実のなかで展開する現象である。これを対象とした心理学が、当然、そこでは要請されてしかるべきである。

たとえば、鑑定資料として提示された自白調書を開いてみれば、冒頭には「上記の者に対する〇〇事件につき平成〇〇年〇月〇日、〇〇警察署において、本職は、あらかじめ被疑者に対し、自己の意思に反して供述をする必要がない旨を告げて取り調べたところ、任意次のとおり供述した」と記したうえで、「私は……」というふうに、一人称の独白形式で犯行ストーリーが語られ、最後には「以上のとおり録取して読み聞かせた上、閲覧させたところ、誤りのないことを申立て、末尾に署名指印した」などと記して、現に本人の署名指印がなされている。いかにも「私がこの事件をやりました。申し訳ありません」という文書なのだが、もちろん、取調室のなかでこのような独白の語りが一方的になされたわけではない。

自白調書は、取調官と被疑者が取調室で対面して、事件についてあれこれと膨大にやりとりしたその結果を、取調官の側で、後の裁判に「証拠」として使えるよう、調書形式に落とし込んで作成したもの。言ってみれば、それは人間どうしの生のことばのやりとりを、わが国に長く根づいてきた「自白調書」という伝統的なスタイルに「編集」したものにすぎない。そして、この編集ということ自体が、法的な手続きであるという以前に、立派に心理学的な現象である。

もちろん、自白調書は生の人間の現象そのものではない。それゆえ、それをいくら眼光紙背に徹すというつもりで読んでも、そこから元の取調室での生のやりとりを立ち上げることはできない。にもかかわらず、編集を経て自白調書の形式に落とし込まれたこの供述文書をもとに、刑事裁判における事実認定がなされてきた。それもまた厳然たる人間の事実である。現実にこの自白調書が法廷に提出されたときには、裁判官たちが一定の手続きを経て、そこに任意性ありとして証拠能力を認め、さらに信用性もあるとして、その他の補強証拠とともに、これでもって被告人に有罪判決を下す。そうして正しく有罪者が罰されるのであればよいが、間違って無実者に故なき刑罰が科せられてしまうことが少なからずある。編集されて出来上がった調書によって、裁判官が有罪―無罪の判断を行い、ときに冤罪が生じてしまうということの事実を含めて、これもまた人間の現象の一つなのである。

調書を軸に組み立てられてきた「精密司法」は、まさに法的に「精密」だと言いながら、その担い手たちは何よりも有罪方向へ向けて精密たらんとする。もちろん有罪者に正しく有罪判決を下すためには、証拠によるその証明は精密でなければならない。しかし、少なくとも推定無罪を法の原則とする以上は、無罪方向に向けて精密たらんとする姿勢もまた、もう一方で求められてしかるべきである。ところが、狭山事件や袴田事件、名張毒ぶどう酒事件など、こじれにこじれて再審請求が繰り返されている事件を見れば、その「精密」の向かうところがもっぱら有罪方向にあって、無罪方向に向けてはきわめて「杜撰」なかたちでしか検証が行われていない。法の世界では「推定無罪」を理念として掲げながら、現実はまるで逆さまであるように見える。これはいったい何なのか。

圧倒的に非対等な対話　法の現象を人間の現象と読み直して、そこに心理学的な考察を巡らす。そうした作業が重要な意味をもつことを、私は繰り返し痛感させられてきた。事件から捜査、捜査から起訴、起訴から裁判、裁判から判決、そしてそれに基づく処遇へといたる一連の流れを見渡したとき、その流れのどの一コマをとっても人間の現象でないものはない。しかし、裁判の段階でこれにかかわったとき、その流れのうち、生の人間どうしのやりとりとして直に見ることができるものはわずかで、ほとんどは文書になった記録として事後に検証するにとどまる。

もちろん、裁判に立ち会う裁判官・裁判員たちは、法廷において自分たちの目の前で展開される主尋問・反対尋問のやりとりを見る。そして今日の裁判制度では、この口頭での生のやりとりをこそ重視して、そこから有罪―無罪の判定を行う建前になっている。ところが、捜査段階で自白した被告人が法廷で否認に転じたときには、かならずと言っていいほど捜査段階における自白の事実が持ち出され、多くの場合、そこでの自白調書という文書が証拠として提示されて、大きな意味をもってしまう。

そうなれば、法廷での口頭主義を建前としてどれほど持ち上げてみても、結局は、この法廷以前のお膳立てがどのようになされているかを見ずにはすまない。そして、そのお膳立ての様子がブラックボックスの奥に隠されて、直には見えないのである。

再審請求が繰り返されている事件で、もう半世紀以上も前の録音テープが開示され、そこに収録された取調官と被疑者との生のやりとりをあらためて詳細に見る機会を与えられて思うのは、裁判の法廷に持ち出される証拠が、まるで「大きな氷山の一角」でしかないということである。しかも、その「一角」は、水面下で進行してきた生のやりとりを捜査側が都合よく掬い取って、編集したものでしかない。そこでの編集方針はもっぱら被疑者・被告人の有罪をいかに印象づけるかというところに置かれていて、まさにその意味で「精密」なのである。そうだとすれば、法廷に顕出されたこの「一角」でもって、その背後にある生の事実を正確に認定することはほとんど不可能である。

その点で、これまで自白調書という文書でしか提供されてこなかった取調べ過程のやりとりが、一部とはいえ録音・録画テープのかたちで開示されることの意味は大きい。テープに収録された生のやりとりがどのように展開し、それがどのように編集されて自白調書という「証拠」になっていくかを具体的に追うことができるからである。そこにはまさに心理学の担うべき課題がはっきりと浮かび上がる。

たとえば、刑事訴訟法では「強制、拷問又は脅迫による自白、不当に長く抑留又は拘禁された後の自白」は、任意性に欠けるものとして証拠から排除されると規定され、現に供述調書の冒頭には「自己の意思に反して供述をする必要がない旨を告げて取り調べたところ、任意次のとおり供述した」と記されて、しかも録音・録画テープを検証すれば、直接的に「強制、拷問又は脅迫」と言えるような言動は見当たらない。そういう事例がある。取調官は被疑者に対して、声を荒げるようなこともなく、丁寧に事件の説明を求め、人が守るべき倫理・道徳を説き、生きづらいこの世の中を歎いて、被疑者の窮状に共感を示す……。その限りで、法の規範は十分に満たされているように見える。ところが、その後これが裁判になったときには、被告人が虚偽の自白をさせられたと訴える。そうしたケースがある。法の規範が建前として守られている背後で、生身の人間の現象はときにその規範を裏切るかたちで蠢く。

考えてみれば、取調べの場は取調官が主導で訊き、被疑者はこれに答えるだけで、その場を仕切るのはあくまで取調官である。しかも、取調官は被疑者の有罪性を前提に質問や説諭を重ねて、被疑者が何をどのように弁明しても、そこに無実の可能性を見ようとしない。そうしたやりとりが延々と続く。その表面だけを聞き流せば、法の規範のレベルで何ら問題もないかのように見えるが、被疑者の側に身を寄せて見たとき、これが朝から晩まで続けばどうなるだろうかと考え込んでしまう。いや、現実には「朝から晩まで」ではすまない。そういう取調べが連日、いつ終わるとも分からない状態で果てしなく続く。そうなってしまったとき、どれほどの人がこれに耐えられるだろうか。

取調官と被疑者とのやりとりは、一応、かたちとして「対話」ではある。しかし、これは「圧倒的に非対称的な対話」なのである。そして、その圧倒的な非対称関係から自白が生まれたとき、今度はまるで自分一人が主人公であるかのような「一人称」の自白物語に編集されていく。そうして出来上がった自白調書が法廷に証拠として提出されたとき、そこには最初の生の姿がすっかり消え失せ、ときにまるで逆さまの物語に変貌している。こうした不可思議なやりとりを暴くことが、まさに心理学者には求められている。

「精密司法」は誰のための精密なのか

私が法の現場である裁判に心理学者としてかかわるようになって、すでに四〇年近くになる。自白や目撃の供述調書の分析を通して、わが国特有のこの「精密司法」にそれだけ長くおつきあいしてきたことになる。ここ一〇年ほどのあいだに裁判員裁判がはじまり、また取調べの可視化が徐々に進められて、かつてに比べれば供述調書の比重が小さくなった。その点で私がやってきたような調書中心の供述分析はもう時代遅れだと言われたりする。口の悪い人たちのなかには、私の供述分析の仕事を前時代の遺物のように言う人もいる。しかし、裁判員裁判がほぼ定着し、取調べの可視化が進んでくるなかにあって、なおわが国の「精密司法」に大きな変化はない。いや、開示されてくる録音・録画テープなどですら、むしろ同じ「精密司法」の一環に組み込まれているというのが実態なのである。

「精密司法」自体は、それが有罪方向にも無罪方向にも精密だとすれば、悪いことではない。問題は、裁判員裁判であれ、裁判官裁判であれ、法廷以前の段階で証拠が精密に編集され、しかも基本的に有罪方向に整理されて出てくるという現実である。現に九九・九％と言われた有罪率は、裁判員裁判導入後ごくわずかに減少したものの、なお圧倒的な高率を保ち続けている。いや、裁判員裁判対象事件に限定すれば、無罪率はむしろ下がったとするデータもある。いずれにせよ、起訴されて裁判になってしまえばほとんど有罪という現実は変わらず、結果として、裁判が裁判として機能する余地がない。そして、そのなかに無実の人が有罪の判決を受けてしまう冤罪が相変わらず存在するのである。

私は昨秋（二〇一五年）、帝銀事件について、亡き平沢貞通さんの自白の供述分析を鑑定書としてまとめ、第二〇次再審請求の証拠として提出した（二〇一六年五月にこれを講談社選書メチエから『もうひとつの「帝銀事件」』として刊行した）。一九四八年の事件発生からすでに七〇年近い。しかし、その古い古い事件につきまとっていた問題の根がいまもなお絶たれていない。「精密司法」の精密はいったい誰のための精密であるのか。私たちは、残念ながら、この素朴な問いになおこだわりつづけなければならない状況のなかにある。

第9章　冤罪事件に終わりはない

1　冤罪にかかわる二つの大ニュース

暑い夏が過ぎ、ようやく秋風が吹きはじめた二〇一五年一〇月、冤罪にかかわる大きなニュースが二つ続いた。一つは、一〇月四日、本書でも何度か取り上げた名張毒ぶどう酒事件の確定死刑囚奥西勝さんが、東京八王子の医療刑務所で亡くなったというニュース。八九歳だった。しばらく前に肺炎になり、このところ何度か危篤に陥る状態だったと聞いていたこともあって、心配してはいた。

確定死刑囚の獄死

私は、いつか来るだろうその時を覚悟しながら、彼が巻き込まれた不運の物語をあらためて本にまとめようと、その準備を進めていたところだった。所用で東北に出かけた帰路、新幹線内のテロップ・ニュースで、私は彼の獄死を知った。突然、思いがけないところで訃報を目にして、覚悟していたとはいえ、やはり愕然とせざるをえなかった。思えば、今年の春に第九次の再審請求が立ち上げられ、新たな出発を期したばかりだった。その当の請求人が確定死刑囚として獄中で息を引き取り、半世紀以上も前の大事件の犯人として、その汚名をそそぐことのできないまま、一生を終えた。

事件後、連日の取調べで五日目に苦渋のなか自白に落ちた彼は、二〇日余り自白を続けた。その一時の自白が、彼のその後の一生をすっかり翻弄することになったのである。勾留期限ぎりぎりに、思いなおして否認して、起訴後は一貫して無実を訴えてきたが、その「自白の罠」を解くことは容易でなかった。以来五五年の歳月が流れた。そのあいだ彼は無実を訴えつづけた。そして、その声が裁判所に届いたのは二回、第一審の無罪判決（一九六四年）と第七次再審請求での開始決定（二〇〇六年）である。無罪を得ることがきわめて困難なわが国の刑事裁判において一度は無罪の判決を得たし、針の穴に駱駝を通すほどに難しいと言われた再審の扉がいったんは開いた。彼の訴えにはそれだけの理があったと言ってよい。しかし、結局、なんとか勝ち取った第一審の無罪判決も控訴審で覆され、四〇余年後に得た再審開始決定も異議審で取り消され、そうしてすべてが再び白紙に戻されたところで、彼の命は尽きたのである。

多くの人々が願った生前の再審無罪はかなわなかった。あらためて戦後の刑事裁判を振り返ってみたとき、再審の訴えが裁判所に聞き入れられないまま獄死した死刑囚・無期懲役囚の数はけっして少なくない。私が供述鑑定でかかわった事件だけでも、福岡事件（一九四七年）で死刑を執行された西武雄さん、帝銀事件（一九四八年）で老衰死した平沢貞通さん、日野町事件（一九八四年）で病死した阪原弘さんに次いで四人目になる。いずれも、私自身はその供述鑑定によって彼らの無実を確信するにいたっている。だからこそ、彼らの無念を見過ごすことはできない。現に、これらの事件はいまも再審請求が継続され、あるいはその継続が模索されている。そして奥西勝さんについてもまた、獄死後なお再審請求を行うべく、妹さんが再審請求権を引き継ぐかたちで準備を進めていると聞く。

私は、この名張毒ぶどう酒事件について、奥西勝さんの自白を分析し、二度にわたって鑑定書を裁判所に提出したのだが、しかし、ここでも力及ばず、裁判官の心証を動かすにはいたらなかった。それゆえ、私もまた、これで終わるわけにはいかない。奥西勝さんの獄死の報を受けたいま、意を新たにしてその自白の謎を解く努力を重ね、彼の無念を晴らす課題に取り組まなければならない。

そう覚悟しているところに入ったもう一つのニュースは、二人の無期懲役囚に再審開始が認められて二〇年ぶりに身柄を釈放されたというもの。二〇一三年の袴田巖さんの身柄釈放につぐ朗報だった。

獄中二〇年の無期懲役囚の釈放

二〇一五年一〇月二六日、東住吉事件で無期懲役刑が確定し刑務所に収監されていた青木恵子さんと朴龍皓さんに対して、身柄釈放の措置が取られた。この事件も古く、いまから二〇年前、一九九五年に起こったものである。

事件当時、二人は内縁関係にあり、青木さんの実子二人と四人で暮らしていた。そして、ある夏の日の夕方、一階部分にあったガレージから火が出て、自宅が全焼し、当時一一歳の長女が逃げ遅れて死亡した。この死亡事故に対して、二人はしばらくして生命保険会社から促されて保険金を受け取った。ところが、警察はこれを保険金目当ての殺人事件ではないかと疑って二人を逮捕、厳しい取調べのなかで、二人ともいったんは自白に落ちた。そうして起訴された二人は、裁判で一貫して否認することになるが、第一審の大阪地裁で無期懲役判決を受け（一九九九年）、その後も大阪高裁で控訴棄却（二〇〇四年）、最高裁で上告棄却（二〇〇六年）となって、その刑が確定した。

二人は確定後、無実を訴えて再審を請求し、大阪地裁はこの請求を認めて再審開始決定を出した。それが二〇一二年。検察側は即時抗告を行ったが、大阪高裁は三年の審理を経て、この一〇月二三日に即時抗告を却下し、同時に二人の身柄の釈放を認めたのである。検察側はこの措置に異議を申し立てたものの、大阪高裁は三日後の二六日に、検察側の異議を却下。かくして二人の身柄の釈放が確定して、和歌山、大分のそれぞれの刑務所から出てきた。テレビではそれがトップニュースとして報じられ、新聞では朝刊一面を飾った。

私は一二年前、控訴審の段階でこの二人の自白について供述鑑定を行い、その自白は無実の人の虚偽自白でしかないと結論づけていた。しかし、裁判官たちはこの鑑定を完全に無視し、ここでも供述鑑定が裁判所を動かすことはなかった。これまでも繰り返し述べてきたことだが、供述の任意性・信用性にかかわる判断は、まさに裁判官の専決事項であって、外部の専門家がとやかく言う筋合いのものではないという考えが、いまでも刑事裁判の実務家のあいだでは圧倒的に強い。

もし当時の供述鑑定を裁判所がまっとうに検討し、その意味を十分に理解していたならば、二人が巻き込まれた冤罪はもう少し早くそそがれ、その不幸を少しは軽くできたのではないかと、いまさらながら思う。

ありえない犯行筋書で

裁かれた二人

東住吉事件の再審請求で最大の争点となったのは、その火災の発火原因だった。もともと捜査段階では、車で帰宅した朴さんが、自宅一階のガレージに車を停め、エンジンキーを切って居間に入ったのちに火が出たのだから、放火以外にはありえないとして、警察が朴さんを放火犯として疑ったという経緯があった。そして、朴さんは取調べの場で追い詰められて自白に落ちたとき、車から抜きとったガソリンをガレージの床に撒いてライターで火をつけたと述べることになる。しかし、そのように床にガソリンを撒いてライターで火をつけるというのはきわめて危険な行為で、自身が火傷を負うことを覚悟せずには不可能である。実験で確かめてみると、床に撒いたガソリンはすぐに気化して、火がつくと直ちに爆発的に燃え上がる。危険だというだけでなく、その発火状況は本件の目撃者たちの供述と明らかに食い違う。

では、本件火災で、エンジンを切った車からどうして火が出るようなことが起こったのか。弁護側は、この発火原因をあれこれと調べた結果、停車している車でもガソリンタンクから気化したガソリンが漏れ出ることがあって、近くに火元があれば、これに引火する可能性があることを指摘した。現に、本件自宅の駐車スペースの隣には壁一つ隔ててガス風呂があり、その種火装置が駐車スペースの隅に出ていた。そして、本件火災発生時には、亡くなった長女がシャワーをしていて、問題の種火が点いていた。そうだとすれば、朴さんがガソリンを満タンにした状態で帰宅し、車を自宅一階に停めたとき、暑い夏でのこと、気化したガソリンがタンクから漏れ出て、そばにあった風呂のガスの種火が引火した可能性が浮かび上がる。

そうした可能性があること自体は、控訴審の段階で指摘されていたが、本件火災で実際にそのことが起こったとまでは証明できなかった。裁判所は可能性のレベルでの議論には乗らず、結局は二人の自白を重く見て、無期懲役判決を確定させたのである。そして再審請求の段階になって、現場を正確に再現させての大がかりな火災実験を重ね、それによってようやく、朴さんが自白で言うような放火方法で本件火災を起こすことは不可能であること、またタンクから気化して漏れ出たガソリンに種火の火が引火することが現実にあることが証明されて、それが今回の再審開始につながったのである。

再審請求において実質的にこれを動かす力をもっているのは、一般には物的証拠にかかわる新しい鑑定である。足利事件や東電OL事件の再審無罪、袴田事件の再審開始決定でも、その決め手となったのはDNA鑑定であったし、今回の東住吉事件の再審の扉を開いたのは火災の鑑定実験であった。しかし、自白の問題をこれまで鑑定してきた私の視点からすれば、そもそもこうした物的証拠にかかわる鑑定以前のところで、冤罪事件においては、その自白そのもののなかに、じつは無実の痕跡が刻み込まれている。そこに注目しさえすれば、その冤罪はもっと早い段階で見抜くことができたはずである。それは別に負け惜しみではない。

じっさい、東住吉事件の場合、「長女が風呂場でシャワーを浴びているときにガレージの車が燃えはじめ、この火災で死亡した」のは事実である。そして、二人の自白では、その事実を逆にたどって、「長女が風呂場でシャワーを浴びているときに、ガレージの車に放火して長女を焼き殺す」という犯行計画を立て、それを実行したのだという筋書が語られている。しかし、そもそものような殺人計画が合理的な犯行筋書としてありえたものかどうか。

風呂場はガレージと壁を隔てた向こう側にあって、風呂場の出口は居間側にある。火事に気がつけばいつでも逃げ出せる位置関係にある。それに、ガレージの車に放火したとして、それがどのような燃え広がり方をするかはわからないし、それによって風呂場でシャワーを浴びている者を殺せる保証はない。そんな犯行計画を誰が立てるだろうか。長女が死亡したのは、じつは、車が爆発的に燃えたとき、風呂場の上にあった換気口から熱風が一気に吹き込んで、これを気管支に吸い込んだためであった。それがなければ死亡することはなかった。そんなことは誰も予測できない。この不合理、不自然を裁判官たちはみな見逃した。二人は「ありえない犯行筋書」によって裁かれたのである。

2　事実の認定は証拠による

過去の出来事を語るときの逆行的構成

東住吉事件では裁判所が自白の任意性・信用性を認めて、二人に無期懲役判決を確定させたのだが、その自白の内容を具体的に見てみれば、二人はおよそ「ありえない犯行筋書」によって裁かれたと言う以外にない。どうしてこのような不自然、不合理な犯行筋書が、合理的な判断に長けているはずの裁判官たちによって、あたかも真実であるかのように認定され、それが二〇年ものあいだまかり通ってきたのだろうか。

その理由の一つは、自白というものの魔力にあると考えざるをえない。つまり、有罪になれば死刑や無期懲役など、重い刑罰を受けることが分かっているような事件で、無実の人が自白するはずがないという、じつは「根拠のない信念」に、一般の人だけでなく、多くの裁判官も囚われてしまっている。しかし、これまで繰り返し見てきたように、どんなに精神的に強い人でも、孤立無援の取調室に長く囚われて厳しい追及を受ければ、たいていはどこかの時点で自白に落ち、自ら「犯人を演じる」ようになる。その現実を知ってさえいれば、自白の魔力はただちに解けて、それを見破ることも難しくない。

真犯人が自白に落ちて自らの犯行を語るときは、自分が実際に行った犯行体験をその記憶に基づいて語る。それに対して、無実の人が自白に落ちて犯行筋書を語るときは、自分にその体験がないために、事件について事後に聞き知った情報をもとに、そこから自分が「犯人になった」つもりで、取調官の追及に沿いながら想像で犯行筋書を語らざるをえない。そこに働く心理メカニズムはまったく異なるもので、一定の方法意識のもとにこれを分析すれば、そのいずれであるかを判別することは十分に可能である。このことは、本書でこれまで種々の事件について何度も指摘してきた。

真犯人が自らの記憶によって自白するときは、多少の錯誤はあっても、その語りは実際の犯行体験に沿いながら、その時間の順に展開する。人の行為はつねに「順行的」に進行するもので、そのときそのときの行為に、それぞれふさわしい思いが添っている。したがって、その人の行為と思いを順行的な流れとして追えば、なるほどこの人はこんなふうにしてこの犯行をやったのだと了解できる。もちろん、多くの行為はたった一人でなされるものではなく、そこには相手もあり、第三者の関与もあり、さらに偶発的な要因もあれこれ紛れ込むために、結果として次の瞬間に何がどう起こっていくかは、当人にも周囲の人にも予測はできない。順行的な行動というのはそういうものである。

ところが、無実の人がすでに起こってしまった事件を、自分が意図的にやったことだとして、犯人になったつもりで想像して語るときには、結果として起こった出来事を前提にして、その行動の流れを逆行的に構成せざるをえない。そのために、しばしば順行的には理解できない行為の流れが語られて、不自然、不合理な自白が出来上がってしまう。東住吉事件の場合、「長女が風呂場で入浴しているときに、ガレージが燃えはじめ、この火災で死亡した」という事実を前にして、朴さんは自白でこれを逆にたどって「長女が風呂場で入浴しているときに、ガレージに放火して、長女を焼き殺す」という犯行物語を語った。ところが、そもそもガレージに放火して壁一つ隔てた風呂場の長女を殺害するという計画自体が突飛で、迂遠に過ぎて、偶発的な要因なしには成功すると思えない。その殺害計画は、順行的な視点から見て、明らかに不自然、不合理であって、むしろ、事後の結果から想像で逆行的に組み立てたものと考えないかぎり理解できない。

こういう言い方をすれば、人間はつねに合理的な行動をするとはかぎらず、一見不合理に見えることをすることもあると反論する人たちがいる。しかし、そうした反論によって自白のおかしさを安易に許容し、その問題性を見逃がしてしまうところにこそ、むしろ問題がある。

自白において明らかに不自然、不合理な語りが見出されたときには、事件として起こってしまった出来事から犯行筋書を逆行的に構成した可能性を検討しなければならない。そのようにして人の振る舞いや語りをその時間性のもとに分析すれば、この逆行性を見破るのは難しくないし、その逆行的な語りがその人の無実を示していることに気づくことができる。

東住吉事件の場合、自白に逆行的構成がうかがわれるのは上記の一点だけではない。問題の火災が起こった日は雨が降っていた。この「雨の日」に事件は起こったという事実を逆にたどって、朴さんの自白では、長女が「雨の日」に外出して雨に濡れれば、帰ってきてすぐに入浴するだろうから、犯行は「雨の日」に決行しようと決めたという話になっていた。これもまた殺人の計画として見たとき、順行的におよそありえない話である。

さらに「火災で死亡した長女に一五〇〇万円の保険金が掛けられていて、事件後にそれを引き出す手続きがなされた」という事実を逆にたどって、「火災事故を装って長女を殺して、一五〇〇万円を入手する計画を立てた」という自白になっている。しかし、実際にはその火災を補償する火災保険を掛けていたわけでもなく、火災によって仕事に使っていた車も仕事道具も、家屋も家財道具も、一切を焼失することを考えれば、それはおよそ勘定の合わない話で、とうていありえない計画だった。これらの不自然、不合理もまた、その起源をたどれば、結果として起こってしまった事故を計画犯罪の犯行筋書に組み込もうとした、その逆行的構成にあるものと言わなければならない。

供述の信用性と「供述の起源」　東住吉事件の再審請求審では、種火引火の実験によって自然発火による事故の可能性が具体的に示され、ガソリンを撒いての自白再現実験によって自白の不自然、不合理が明らかになり、したがって自白の信用性は認められないとして再審開始が認められた。

このこと自体は、もちろん妥当な判断であり、素晴らしいことなのだが、私がここで強調したいのは、そこをさらに一歩越えたところにある。つまり、上記の逆行的構成の議論は、「自白の信用性」をチェックするというより、むしろその自白について「供述の起源」を洗い出すところに焦点があって、その供述分析は、その起源が犯人としての「体験記憶」にあるのか、それとも無実の人が事件情報をもとに逆行的に描いた「想像」によるのかを判別することを課題とする。そして後者だと判明したときには、その自白は不自然、不合理で信用性がないというにとどまらず、その不自然、不合理の起源がまさに無実の人ゆえの逆行的構成にあったことが示され、それ自体が無実の「証拠」となるのである。

刑事訴訟法において「事実の認定は、証拠による」というとき、自白が「証拠」となり、またその自白を補強する「証拠」があって、それでもって「合理的な疑い」を超える立証が尽くされていれば、事実の認定は有罪でよし、できなければ無罪としなければならない。裏返して言えば、弁護側にとっては被告人の無実を立証する必要はなく、自白については、任意性チェックと信用性チェックを経て、それが被告人の有罪を示す「証拠」となりうるかどうかを問うにとどまる。しかし、自白についてその「供述の起源」を問うかたちで供述分析を行うとき、そこでは自白が無実の「証拠」となりうる。こうした発想は、これまでの刑事裁判の事実認定にはなかったもので、裁判官たちからは法の常識を逸脱しているかのように言われるのだが、供述心理学的な視点からすれば、ごく当然のものである。

「事実の認定は、証拠による」。とは言っても、無罪の認定については、推定無罪の原則からして、「証拠」によるその立証を被告・弁護側に求めない。刑事裁判の原則はあくまで検察側の有罪立証が尽くされているかどうかにある。

ところが、現実には「針の穴に駱駝を通す」ほどに難しいと言われる再審請求においては、弁護側に無実の証明が求められているかのように感じてしまうケースが少なくない。もちろん、それは裁判のあり方からすれば、好ましいことではないし、「疑わしきは被告人の利益に」という法の原則は、再審請求においても、当たり前に適用されなければならない。このことを確認したうえで、現に、再審請求における最大の武器が、無実の証明につながるDNA鑑定であることは間違いない。それは足利事件において証明済みであるし、袴田事件でもその効力が大きく認められ、その他にも同様の事例が続いている。これからはさらにDNA鑑定による無罪事例が増えていくことが十分に期待される。

無実を証明する イノセンス・プロジェクト

アメリカにおいては、先に紹介したように、有罪確定者についてDNA鑑定を行って冤罪を晴らした事例が一九九〇年代から目立ちはじめ、積極的にこれを求めていく「イノセンス・プロジェクト」の運動が全土に広がっている。これは文字通り、イノセンス（無実）の獲得を目指す活動であり、徐々に世界的な広がりを見せはじめていて、わが国でも二〇一六年四月に「えん罪救援センター」として立ち上がった。

私はこれまで自白の供述分析を重ねながら、「自白が無実を証明する」などと、裁判所に向けて少々刺激的な発言を重ねてきたが、けっしてそれは単なる挑発ではない。無実の人はもちろん犯行の体験を語れない。その語れなさが自白のなかにはかならず痕跡を残しているはずで、それは無実の証拠となる。その当然の事実を、語りの心理学的な分析を通して明らかにできないか、そのことを明らかにするだけの理論構築をできないものかと考えてきた。その意味で言えば、これもまたイノセンス・プロジェクトの一角を担う試みになりうる。ただ、その試みはまだ緒についたばかりである。

おわりに

物的証拠の科学鑑定につきまとう危険性

私はこれまで冤罪主張の事件において、「心理学者」という名目で、主としてその自白の供述鑑定を行ってきた。しかし、同じく「鑑定」とは言っても、それは物的証拠などのいわゆる科学的鑑定と違って、与えられた鑑定資料を純粋にそれだけで分析すればよいというものではない。

たとえば、被害者の衣服についた体液と被疑者・被告人から採取した体液とを対比資料として与えられ、両者のDNA型が合致するかどうかを鑑定する場合、鑑定人は、それがどういう事件の、どういう場面でついた体液で、被疑者がどういう人物で、どうしてこの事件で犯人として疑われるようになったのかといった周辺情報は、基本的に知る必要がない。いや、むしろそうした情報を得ることで結論について予断をもってしまえば、かえって鑑定を誤ることにもなる。

じっさい、物的証拠の鑑定の誤りが問題になった冤罪事例を見ると、当の鑑定人が、捜査側から、あらかじめこれこれの結果が出れば被疑者の有罪の裏づけになると期待されていて、その期待に引きずられて結論を誤ったと思われるものが少なくない。足利事件の場合も、DNA型の再鑑定で再審無罪になったことが注目されて、その鑑定の威力が大いに称揚されてきたが、じつはこの事件で菅家さんを冤罪被害者に仕立て上げ、一七年あまりも獄に閉じ込めることになったのも当時のDNA鑑定であった。再審で冤罪が晴らされたときには、その当時のDNA鑑定技法が未熟だったために間違ったのだと言われてきたが、問題はそれだけではない。

DNA鑑定というのは個人間の差異に敏感な鑑定で、だからこそそれが合致すればその威力は大きく、いまでは何兆分の一の確率で当たるという。では、足利事件の場合、捜査段階の鑑定はなぜ間違ったのか。当時は鑑定の精度が八〇〇分の一の確率でしかなかったというのだが、それでもABO型の血液型鑑定で合致するというレベルをはるかに超えていた。だからこそ、このDNA鑑定が菅家さんの有罪を決定づけたのである。しかし、このことを裏返して考えてみると、この事件の当初の鑑定人は鑑定依頼を受けたときに、すでに菅家さんが容疑の線上に上がっていて、DNA型が合致するという結果が出れば、それが事件解決につながると期待されていた可能性が高い。

こういう結論が出れば有罪の証拠になるという「期待される結論」があらかじめあって、鑑定人がそのことを知ってしまえば、物的証拠の科学的鑑定であっても、その期待に沿って結果が歪んでしまう危険性がある。わが国では科学的鑑定と呼ばれるもののほとんどが、中立的な鑑定機関でなく、捜査を職務とする警察・検察の息がかかった部署・機関によってなされる現実があって、冤罪原因の一つがここにあることはしばしば指摘されてきた。

物的証拠については、事件や被疑者についての事前情報をできるだけ伏せて、そのうえで与えられた資料のみで鑑定を求め、その結果が有罪方向で出るか無罪方向で出るかは蓋を開けてみるまで分からない。そういう条件下でこそ真に「科学的」という名に値する鑑定が期待できるはずで、今後、そうした鑑定が可能になるような、中立性の保証された鑑定機関の創設が望まれる。

自白の供述分析は科学的でありうるか

一方、自白の供述鑑定の場合はどうかと言えば、これは事件や被疑者にかかわる事前情報をぬきに鑑定がほとんど不可能である。というのも、自白は、取調べの場で、事件についての捜査情報を握っている取調官が、何らかの証拠によって犯人として疑われている被疑者を問い詰め、被疑者がこれに答えるというかたちでなされる一種の「対話」の所産だからである。そこでは、一方は取調官として、他方は被疑者として、ともに事件に巻き込まれ、たがいが当の事件のことを語る。そうである以上、その当の事件がどのようなもので、被疑者がどのようにして疑われ、その場に引き入れられたのかを知らずして、その分析を行うことはできない。自白という資料を外から客観的に眺めて、その資料だけから真偽を鑑定するというわけにはいかないのである。

自白の供述鑑定がそのようなものだとすれば、それはおよそ「科学的鑑定」という名には値しないと言う人がいるかもしれない。いや、現にそう公言する人たちがいるし、そもそも供述の任意性や信用性の判断は、まさに裁判官の専門とするところであり、その専決事項であって、心理学者の関与など不必要だと断定する人が少なくない。もちろん、そうして心理学による供述鑑定を排除したうえで、裁判官たちが自白について間違いなく正しい判断が下せるというのであれば、法曹外から心理学者がとやかく口を挟むべきことではないかもしれない。しかし、実際には自白判断の間違いによって深刻な冤罪が生じるケースが、けっして例外的にではなく起こっている。しかも、その間違いが正されることなく、無実の罪で獄死した人たちさえ少なからずいる。そうした現実を前にしたとき、心理学を研究してきた者としてこれを看過するわけにはいかない。

どうしてそんな間違いが起こってしまうのか、その理由を「科学」の目で探求するのは、心理学者にとって一つの責務であると言ってよい。

ただ、ここで言う「科学」は、自然科学のように対象を前に、それを言わば「神の目」で、外から客観的に記述し説明するのではない。自白という人間の現象を前にして、真の犯行体験者が自らの罪を悔いて、その犯行体験を記憶によって語ったものか、それとも無実の犯行非体験者が取調官の追及に追い詰められて、やむなく自分が犯人になったつもりで、犯行筋書を想像して語ったものかを判別しなければならない。そのとき、心理学者はまさに当の被疑者の「渦中の視点」に立って、そこから自白の意味を「読み解く」のでなければならない。「渦中の視点」から「読み解く」などというと、それは主観的ではないかと言われるかもしれないが、しかし、私たち人間は、周囲の他者がある状況にとらわれているのを見、あることばを発するのを聞いて、その他者がそれぞれの「渦中」からその状況をどのように生き、そのことばにどのような思いを託しているのかを理解する。それはけっして独我論的な主観性ではなく、だからこそそこに他者に開かれた間主観的な世界が広がる。人と人の共同性が築かれるのはまさにそれによってのことである。

「神の心理学」から「私たちの心理学」へ

思えば、一九世紀後半からはじまった心理学の「科学」化の運動は、自然科学と同様のパラダイムの下に、人間の行動を周囲の刺激への反応として客観的に記述し、その行動法則を立て、それによって人間のあらゆる行動を説明できる理論を打ち立てようとしてきた。しかし、それは結局のところ、自らを神に擬して人間世界を眺め下ろす「行動の科学」であり「神の心理学」であって、人どうしがたがいを理解し合う「私たちの心理学」とはならなかった。

私は、これまで多くの冤罪主張の事件で、当事者たちの自白を読み解く作業を行ってきた結果として、その供述分析の作業は単なる主観的解釈ではなく、いわゆる「科学」におけるのと同様に、誰にも通じるなんらかの一般性・普遍性に到達しうるものだとの確信を深めてきた。言ってみれば、ある人の「渦中の心理学」は、同じくそれぞれの渦中を生きている他者たちによって、原則的に理解可能であり、それがゆえにそれとして一般性・普遍性をもつ。自白の供述分析は、そうしたパラダイムのもとで展開される。それは自然科学に準ずるかたちで行動科学あるいは認知科学として展開されてきた今日のアカデミック心理学とは異なるパラダイムに立ち、しかし、そのうえでもちろん人どうしが相互に了解できるだけの一般性をもたなければならないし、その意味でもう一つの「一般心理学」になりうるものでなければならない。そうした心理学を展望できれば、供述分析は裁判実務に食い込むことのできる力をさらに高めることができるはずである。

しかし、このように大言壮語しても、まだまだ「独り合点」の域を出てはいないことを、私自身、つくづく思い知らされてもいる。現に、いまも一つひとつの事件に四苦八苦して、どれ一つとして簡単には片づかない。裁判官たちが信用できると認めた自白を俎上に載せ、供述分析を執拗に重ね、問題の自白がどこからどう見ても虚偽の自白以外にはありえないと確信し、その根拠をこれまた執拗に書き連ねて、しかし、それでも裁判所がその議論にまともに応じてくれない。そうした経験を幾度繰り返してきたことか。こちらが尽くした議論を、正面から受けて反論してくれれば、どれほど手酷い批判を浴びたとしても、それはそれで納得がいくのだが、それを無視されてしまえば、こちらの論もただ空しく虚空に吸い込まれるような気分で、そこから先へ進めない。

どこまでも「事件」にまみれながら

本書の元になった月刊通信『究』の連載が最終回を迎えるころ、私は、獄死した奥西勝さんへの「喪の作業」という思いで、名張毒ぶどう酒事件の自白の供述分析を単行本に書き下ろそうと、あらためて裁判官たちの議論につきあい、これだけ明々白々な虚偽自白が、どうして裁判官たちから見破られないままに、半世紀以上を過ごし、当の奥西さんを獄死に追いやる事態に招いてしまったのだろうかと、苦い思いを反芻していた（この本は二〇一六年六月に岩波書店から『名張毒ぶどう酒事件——自白の罠を解く』として刊行した）。

人は日常的になんらかの「心理学」を生きている。奥西勝さんを死へと追いやった裁判官たちの心理学は、結局のところ、人間世界を上から見下ろして描く「神の心理学」でしかなかった。それは、彼らが裁判官という権威ある立場にいるからというだけではない。じつは、裁判官に限らず人は誰でも、日常のなかで自分とは無関係な他者を第三者として眺めるとき、あえてその人の「渦中」に入り込もうと努めないかぎり、自ら「神の視点」に立ったかのような気分で、他者のことをあれこれと簡単に論評してしまう。そういう生き物でもある。

しかし、同時に、当の他者のおかれた状況を生々しく思い浮かべることができれば、その他者もまた自分と同じように、それぞれの身体の位置からその「渦中」を生きていることに気づくものだし、そうして他者がその渦中から生きている世界を追体験することも不可能ではない。人は、その「渦中の心理学」をも知っているのである。ただ、これはしばしば強力な「神の心理学」の陰に押しやられて陽の目を浴びることがない。

人は体験した過去の出来事をことばで語る。そのことばで語られた話から、私たちはその人の元の体験をどこまで正確に捉えることができるのか。供述分析が対象とする「供述」の問題はここに尽きる。ことばは、つねに具体的な状況のなかで、具体的な相手に向けて語られる。それがゆえに、その状況次第で、あるいはその関係次第で、小さく揺れ、大きく揺れ、ときにすっかり真反対に歪められてしまうことすらある。

「私はやっておりません」という被疑者のことばに、文字通り無実を読み取ってよい場合もあれば、その背後には真犯人の嘘が隠されていることも、もちろんある。同様に、「私がこの犯行を○○というふうにやりました」と語る自白のなかに、じつは「やっていない」けれども、そのように想像して、あるいは相手の追及に合わせて、そう語らざるをえなかった痕跡が残されていることもある。さらには、じつはほんとうのところを「よく憶えていない」のに、そんなはずはなかろうという相手の思い込みに抵抗しきれないまま、はっきり記憶しているかのように語ることもある。

人のことばは揺れる。供述分析はその現実を前に、最大限に確実な「事実の認定」を試みようとする心理学の方法である。この心理学はまだ開発の途上にある。ただ、すでに一定の地歩を固めてきたつもりではある。

私は、これまで心理学者としてさまざまな事件に出会ってきたし、いまもいくつかの事件に巻き込まれている。そして、これからもなおこの事件たちは続く……。そのなかで「渦中の心理学」にそれなりの理論的装備を与え、誰もが取り出して使えるよう、これを「一般心理学」の位置にまで立ち上げていかなければならない、そう思いはじめている。そのことが私のこれからの課題となるはずである。

二〇一六年六月

浜田寿美男

《著者紹介》

浜田寿美男（はまだ・すみお）

1947年　香川県生まれ
1976年　京都大学大学院博士課程修了
花園大学社会福祉学部教授，奈良女子大学文学部教授を経て，
現在，奈良女子大学名誉教授，立命館大学特別招聘教授
主　著『「私」とは何か』（講談社，1999年）
『自白の心理学』（岩波新書，2001年）
『新版　自白の研究』（北大路書房，2005年）
『子ども学序説』（岩波書店，2009年）
『障害と子どもたちの生きるかたち』（岩波書店，2009年）
『私と他者と語りの世界』（ミネルヴァ書房，2009年）
『子どもが巣立つということ』（ジャパンマシニスト社，2012年）
『〈子どもという自然〉と出会う』（ミネルヴァ書房，2015年）
『もうひとつの「帝銀事件」』（講談社，2016年）
『名張毒ぶどう酒事件　自白の罠を解く』（岩波書店，2016年）
ほか，多数。

叢書・知を究める⑩
「自白」はつくられる
――冤罪事件に出会った心理学者――

2017年2月25日　初版第1刷発行　〈検印省略〉

定価はカバーに
表示しています

著　者　浜　田　寿美男
発行者　杉　田　啓　三
印刷者　田　中　雅　博

発行所　株式会社　ミネルヴァ書房
607－8494　京都市山科区日ノ岡堤谷町1
電話代表（075）581－5191
振替口座　01020－0－8076

創栄図書印刷・新生製本

ISBN978-4-623-07994-0
Printed in Japan